개역개정 에 맞춘

신·구약 성경퀴즈

골든 벨

일오삼출판사

머리말

오직 이것을 기록함은 너희로 예수께서 하나님의 아들 그리스도이심을 믿게 하려 함이요 또 너희로 믿고 그 이름을 힘입어 생명을 얻게 하려 함이니라. (요 20:31)

성경은 인간의 지혜와 지식으로 되어진 말씀이 아니고 창조주 하나님의 말씀입니다. 이런 보배로운 말씀을 성경퀴즈를 통해 배움으로 하나님의 깊은 경륜과 뜻을 깨달아 아는데 도움이 될 수 있도록 성경퀴즈 골든벨 문제집을 출간하였습니다.

본서의 특징은

1. 꼭 알아야 할 말씀을 간추려 편집하였으며,
2. 신·구약 창세기부터 계시록까지 권별로 쉽게 편집하였으며,
3. 출제는 객관식, 주관식, O X, 줄잇기, 문답식, 퀴즈 게임으로 등 다양하게 사용할 수 있도록 편집하였으며,
4. 신·구약 성경의 이해를 돕기 위해 서두에 도표를 수록했습니다.

본 성경퀴즈 문제집은 교회학교, 중.고등부 청년, 장년까지 볼 수 있도록 편집하였습니다. 성경 퀴즈 골든벨을 통하여 말씀과 친근해지며 생명의 말씀을 마음에 새기며 퀴즈를 통해 성경 골든벨을 울리시고 말씀을 배우는데 조금이나마 도움이 되시기를 바랍니다.

Contents _ 목차

3부 신약 성경 퀴즈 문제

제1부

신·구약 도표 모음

성경특징

구분	저자	기간	총장수	총절수	가장긴책	가장짧은책	가장긴장	가장짧은장
구약	26명	1500년	929장	23,026절	시편	오바댜	시편 119편	시편 117편
신약	10명	100년	260장	7,967절	사도행전	요한이서	마태 28장	계시록 15장

구약성경

<table>
<tr><td colspan="2">모세오경</td><td>창세기 출애굽기 레위기 민수기 신명기</td><td>5권</td></tr>
<tr><td colspan="2">역사서</td><td>여호수아 사사기 룻기 사무엘 상·하 열왕기 상·하
역대 상·하 에스라 느헤미야 에스더</td><td>12권</td></tr>
<tr><td colspan="2">시가서</td><td>욥기 시편 잠언 전도서 아가</td><td>5권</td></tr>
<tr><td rowspan="2">예언서</td><td>대선지서</td><td>이사야 예레미야 예레미야애가 에스겔 다니엘</td><td>5권</td></tr>
<tr><td>소선지서</td><td>호세아 요엘 아모스 오바댜 요나 미가
나훔 하바국 스바냐 학개 스가랴 말라기</td><td>12권</td></tr>
<tr><td></td><td></td><td></td><td>39권</td></tr>
</table>

신약성경

<table>
<tr><td colspan="2">4복음서</td><td colspan="2">마태복음 마가복음 누가복음 요한복음</td><td>4권</td></tr>
<tr><td colspan="2">역사서</td><td colspan="2">사도행전</td><td>1권</td></tr>
<tr><td rowspan="3">서신서</td><td rowspan="3">바울서신</td><td>로마서 고린도 전·후서 갈라디아서
데살로니가 전·후서</td><td>교리서신</td><td>6권</td></tr>
<tr><td>에베소서 빌립보서 골로새서 빌레몬서</td><td>옥중서신</td><td>4권</td></tr>
<tr><td>디모데전,후서 디도서</td><td>목회서신</td><td>3권</td></tr>
<tr><td colspan="2">공동서신</td><td colspan="2">야고보서 베드로 전,후서 요한 일,이,삼서 유다서</td><td>7권</td></tr>
<tr><td colspan="2">예언서</td><td colspan="2">요한계시록 / 히브리서(저자 불확실)</td><td>2권</td></tr>
<tr><td></td><td></td><td></td><td></td><td>27권</td></tr>
</table>

분열왕국 왕들의 도표

남 유다(단일왕조)				북 이스라엘(9왕조)	
악함 르호보암	930-913	930-910	1	여로보암	악함
악함 아비얌	913-910	910-909		나답	악함
선함 아사	910-869	909-886	2	바아사	악함
선함 여호사밧	872-848	886-885		엘라	악함
악함 여호람	848-841	885	3	시므리	악함
악함 아하시야	841	885-874	4	오므리	악함
악함 아달랴	841-835	874-853		아합	악함
선함 요아스	835-796	853-852		아하시야	악함
선함 아마샤	796-797	852-841		여호람(요람)	악함
선함 웃시야	791-739	841-814	5	예후	악함
선함 요담	747-731	814-798		여호아하스	악함
악함 아하스	731-716	798-782		요아스	악함
선함 히스기야	715-687	793-753		여로보암2세	악함
악함 므낫세	697-642	753		스가랴	악함
악함 아몬	642-640	752	6	살룸	악함
선함 요시야	640-609	752-741	7	므나헴	악함
악함 여호아하스	609	741-740	8	브가히야	악함
악함 여호야김	609-598	752-732		베가	악함
악함 여호야긴	598-597	732-722	9	호세아	악함
악함 시드기야	597-586				악함

· □ 칸은 북왕국의 분열된 왕조를 표시함.
· 남왕국의 아달랴는 북왕국의 아합왕과 시돈왕 엣바알의 딸 이세벨과 결혼해서 낳은 딸임.(남왕국의 여호사밧의 아들 여호람과 결혼함)

구약 문서 선지자

세기	선지자	년도	기간	통치왕	활동
8세기	요나	793-753	41년	여로보암 2세	북
	아모스	760-755	6년	여로보암 2세	북
	호세아	755-723	33년	여로보암 2세 통치 말기부터 북왕국 멸망직전까지	북
	미가	737-690	47년	요담, 아하스, 히스기야	남
	이사야	739-680	60년	웃시야,요담,아하스, 히스기야	남
7세기	나훔	663-612	52년	므낫세, 아몬, 히스기야	남
	스바냐	640-630	11년	요시야 시대 (히스기야4대손추정)	남
	예레미야	627-586	41년	요시야부터 ~ 시드기야 왕까지	남
	하바국	609-605	5년	여호아하스, 여호야김	남
	다니엘	605-536	70년	여호야김, 여호야긴, 시드기야	남
6세기	에스겔	593-570	23년	시드기야	남
	오바댜	586	1년	시드기야	남
	학개	520-519	2년	스룹바벨 총독	포로 및 귀환
	스가랴	520-470	51년	스룹바벨 총독	
5세기	말라기	432-430	3년	스룹바벨 총독	
	요엘	전기연대설 : 남 유다 8대 왕 요아스 기간 후기연대설 : 느헤미야의 종교개혁 이후			

북왕국의 멸망

	나라	왕
1 차	앗수르	B.C 748년 불(왕하 15:9)
2 차	앗수르	B.C 733년 디글랏빌레셀 3세
3 차	앗수르	B.C 724-722 살만에셀 5세와 사르곤 2세를 통해 멸망(왕하 15:9)

남왕국의 멸망

	나라	왕
1 차	바벨론	B.C 605년 느부갓네살왕
2 차	바벨론	B.C 597년 느부갓네살왕
3 차	바벨론	B.C 586년 느부갓네살왕

포로귀환

	나라	왕	인도자	내용	인원
1차	바사	B.C 538년 고레스왕	스룹바벨 예수아	성전건축	49,897명
2차	페르시아	B.C 457년 아닥삭스다왕	에스라	율법회복	약 5,000명
3차	페르시아	B.C 444년 아닥삭스다왕	느헤미야 에스라	성벽재건 대각성	-

사복음서 특징

구분	주제	핵심구절	수신자	별명	핵심어
마태복음	메시야/왕	마 5:17	유대인	사자복음	성취되다
마가복음	수난의 종	막 10:45	로마인	소복음	즉시,곧
누가복음	잃은자를 찾음	눅 19:10	헬라인	사람복음	인자
요한복음	성자의 영광	요 20:30-31	세계만민	독수리복음	믿다,영생

예수님의 12제자

이름	별명	부모	저서	전승
시몬	베드로 게바(반석)	요나/요한	베드로 전,후서	십자가에 거꾸로 매달려 로마에서 순교함
안드레		요나/요한		소아시아에서 전도하다 X자형 십자가에서 순교하였다고 함
야고보	보아너게 (우뢰의 아들)	세베대		헤롯왕에게 죽임당함(행 12:1)
요한	살로메		요한,요 1,2,3 요한계시록	밧모섬에 유배되었다 석방되어 AD 100년경 자연사
빌립				부르메니아에서 전도하다가 순교하였다고 함
바돌로매	나다나엘(?)	탈마이		아르메니아에서 전도하다가 순교하였다고 함
도마	디두모			인도에서 전도하다가 도마산에서 순교하였다고 함
마태	레위	알패오	마태복음	이방인에게 전도하다가 순교하였다고 함
야고보	작은 야고보	글로바/마리아		블레셋과 애굽에서 전도하다가 애굽에서 순교하였다고 함
유다	다대오	야고보		앗수르와 바사에서 전도하다가 바사에서 순교하였다고 함
시몬	셀롯			야고보의 후계자라는 설. 십자가에 못 박혀서 순교함
유다	가롯	시몬		은 30에 예수를 팔고 자살함
맛디아	가롯유다대신			에디오피아에서 전도하다가 순교하였다고 함

구약편

제2부

구약 성경퀴즈 문제

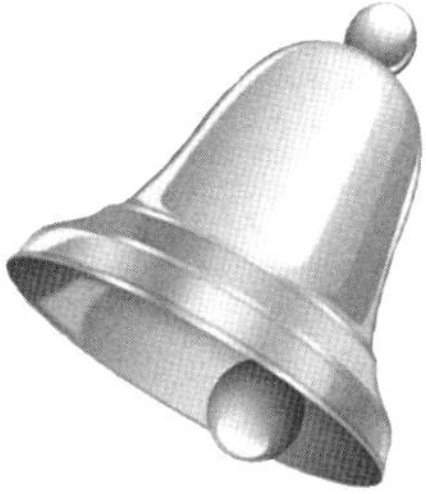

창세기

문 제 성경 문제를 듣고 답을 선택하세요

1. 태초에 우주 만물을 누가 창조하셨습니까? (1:1)
   ① 자연적으로 ② 과학자 ③ **하나님** ④ 성령이

2. 하나님께서 육일 동안 창조하시고 일곱째 날에는 무엇을 주셨습니까? (2:3)
   ① 편안함 ② 생명 ③ **복을 주심** ④ 말씀을

3. 하나님께서 에덴 동산을 만드시고 무엇을 먹지 말라고 하셨습니까? (3:3)
   ① **동산 중앙에 있는 나무(선악과)** ② 포도 열매 ③ 무화과

4. 인간의 시조인 아담과 하와가 처음으로 난 아이는 누구일까요? (4:1)
   ① **가인** ② 아담 ③ 셈 ④ 모세

5. 최고 오래산 사람은 누구며 그 사람은 몇 살을 살았습니까? (5:27)
   ① 에녹 - 500 세 ② **므두셀라 - 969 세** ③ 아브라함 - 980 세

6. 노아는 어떠한 사람입니까? (6:9~13)
   ① **방주를 만든 사람** ② 성을 쌓은사람 ③ 양을 치는 사람

7. 노아가 만든 방주에 누가 들어갔습니까? (7:13)

① 세상 사람들　② **노아의 가족**　③ 믿는 사람들　④ 충성한 사람

8. 40 일 홍수가 끝나자 비둘기가 날아가 무엇을 물고 왔습니까? (8:11)

① 무화과 나무　② 고기를　③ **감람나무 새 잎사귀**　④ 포도잎

9. 세상이 홍수로 멸망한 것을 보시고 무어라고 말씀하셨습니까? (9:11)

① 잘 하였다　② 좋았더라　③ **다시는 홍수로 멸하지 아니한다**

10. 노아의 3 아들 이름을 말해 보세요. (10:1)

① (　　　　)　② (　　　　)　③ (　　　　)

11. 온 땅의 사람들이 시날 평지에서 벽돌로 무슨 성을 쌓았습니까? (11:4~9)

① 여리고 성　② **바벨탑**　③ 만리장성　④ 성벽

12. 아브람의 아내가 아름다운지라 애굽사람들에게 무엇라고 거짓말을 하였습니까? (12:12~13)

① **나의 누이라**　② 나의 어머니　③ 친척　④ 모르는 사람

13. 아브람이 소유가 많아짐에 따라 조카인 롯과 어떤 일이 벌어졌나요? (13:9)

① 서로 친해졌다　② 큰 집을 건축　③ **갈라섰다**　④ 큰 싸움이 났다

14. 아브람이 싸움에서 승리하고 돌아와서 살렘왕 멜기세덱에게 무엇을 주었습니까? (14:20)

① 뇌물　② **얻은 것에서 십분의 일**　③ 감사예물　④ 기념물

15. 아브람이 드린 제물중 쪼개지 않은짐승은 무엇인가? (15:10)

① 암소　② 암염소　③ 숫양　④ **새**

16. 아브람의 아내 사래의 몸종은 누구입니까? (16:1)

① 마리아　② 살렘　③ **하갈**　④ 유다

17. 하나님께서 '아브람' 의 이름을 어떻게 고쳐주셨습니까? (17:5)

① 여호수아　② 가나안　③ **아브라함**　④ 이스라엘

18. 하나님께서 아브라함에게 네 아내 사라에게 아들이 있으리라 하시니 사라가 어떻게 하였습니까? (18:11~12)

① 믿지 않았다　② 좋아했다　③ **속으로 웃었다**　④ 기도했다

19. 하나님께서 롯에게 생명을 보존하기 위하여 도망가라고 한곳은? (19:17)

① 예루살렘　② 요담으로　③ **산으로**　④ 가나안으로

20. 아브라함은 이삭을 낳은지 팔 일만에 무엇을 하였습니까? (21:4)

① 감사 기도　② **할례**　③ 생일 잔치　④ 재물로 드림

21. 하나님께서 아브라함에게 왜 이삭을 제물로 드리라고 하였습니까? (22:1)

① 제물을 받기 위해　② **시험하기 위해**　③ 고난을 주시려고

22. 아브라함이 그 땅 이름을 ○○○○○ 라 불렀는데 이 뜻이 무슨 뜻일까요? (22:14)

(　　　　　　　　)　(　　　　　　　　　　　　　　)

23. 이삭의 부인은 누구입니까? (24:51)

① **리브가**　② 사라　③ 한나　④ 하갈

24. 리브가가 쌍둥이를 낳았는데 첫째 아들은 ○○ 이며 둘째 아들은 ○○이라 하였으며 (25:25~26)

첫째 아들 = (　　　　　　)　**둘째 아들** = (　　　　　　)

25. 이삭이 농사하여 하나님의 복을 받아 무엇이 되었습니까? (26:12~13)

① 백만장자　② **거부**　③ 부한 사람　④ 천재

26. 이삭이 맏아들 에서에게 왜 별미를 만들어 오라고 하였습니까? (27:4)

① **축복 하려고**　② 잔치 하려고

③ 소원 이므로　④ 마지막 이므로

27. 야곱이 하란으로 가다가 어느 한 곳에서 유숙하였는데 그 곳은 어디입니까? (28:18~19)

① 하란　② **벧엘**

③ 가나안　④ 광야

28. 야곱은 라헬과 결혼하기 위하여 몇 년을 봉사하였습니까? (29:20)

① **7 년**　② 10 년　③ 14 년　④ 20 년

29. 야곱이 자기 소유를 만들기 위하여 외삼촌 라반에게 어떤 제안을 하였습니까? 써 보세요. (30:32)

(　　　　　　　　　　　　　　　　　　)

30. 야곱이 외삼촌 라반과 살다가 왜 라반을 떠났갔습니까? (31:13)

① 형을 만나기 위해 ② 라반이 싫어서 ③ **서원한 벧엘로 가기 위해**

31. 야곱이 온다는 소식을 듣고 형 에서는 어떻게 하였습니까? (32:6)

① 기뻐하다 ② 잔치를 준비 ③ **사백인을 거느리고 기다림**

32. 야곱은 얍복나루에서 날이 새도록 무엇을 하였습니까? (32:24)

① 찬송하다 ② 기도하다 ③ 잠을 자다 ④ **씨름하였다**

문 제　　(　　　) 안에 있어야 할 말을 써넣으세요

1. 자기가 야곱을 이기지 못함을 보고 그가 야곱의 (①) 관절을 치매 (②) 의 허벅지 관절이 그 사람과 씨름할 때에 어긋났더라. (32:25)

① **허벅지**　　② **야곱**

2. 에서가 달려와서 그를 맞이하여(①) 목을 어긋 맞추어 그와 입맞추고 서로(②) 니라. (33:4)

① **안고**　　② **우**

3. 그에게 이르시되 네 이름이 (①) 이지마는 네 이름을 다시는 야곱이라 부르지 않겠고 (②) 이 네 이름이 되리라. (35:10)

① **야곱**　　② **이스라엘**

4. 미디안 사람 상인들이 지나가고 있는지라 형들이 요셉을 (①) 에서 끌어올리고 은(②)에 그를 (③) 사람들에게 팔매 (37:28)

① **구덩이**　　② **이십**　　③ **이스마엘**

5. 주인이 그의 소유를 다 (①) 의 손에 위탁하고 자기가 먹는 음식 외에는 간섭하지 아니하였더라 요셉은(②) 가 빼어나고 아름다웠더라. (39:6)

① **요셉**　　② **용모**

6. (①) 가 또 요셉에게 이르되 내가 너를 애굽 온 땅의 (②) 가 되게 하노라 하고 (41:41)

① **바로**　　② **총리**

7. (①) 이 바로에게 아뢰되 내 나그네 길의 세월이 (②) 년이니이다. (47:9)

① **야곱**　　② **백 삼십**

문 제 □ 안에 낱말을 쓰시고 ○ 안에 틀린것을 고치세요

1. 야곱이 또 이르되 내가 들은즉 저 □ □ 에 곡식이 있다 하니 너희는 그리로 가서 거기서 (살)(기) 를 위하여 사오라 그러면 □ □ 가 살고 죽지 아니하리라. (42:2)
- 애굽, 우리, 우리 -

2. 요셉이 자기 음식을 그들에게 주되 □ □ □ 에게는 다른 사람보다(아)(홉) 배나 주매 그들이 마시며 □ □ 과 함께 즐거워하였더라. (43:34)
- 베냐민, 다섯, 요셉 -

3. 아버지의 아들들과 아버지의 손자들과 아버지의 양과 소와 모든 □ □ 가 (소)(돔) 땅에 머물며 나와 가깝게 하소서. (45:10)
- 소유, 고센 -

4. 하나님이 이르시되 나는 □ □ □ 이라 네 (어)(머)(니) 의 하나님이니 □ □ 으로 내려가기를 두려워하지 말라. (46:3)
- 하나님, 아버지, 애굽 -

5. 애굽에서(요)(셉)이 낳은 아들은 □ 명이니 야곱의 집 사람으로 애굽에 이른 자가 모두 육 십 명이었더라. (46:27)
- 두, 칠십 -

6. 야곱이 바로에게 아뢰되 내 □ □ □ 길의 세월이 백삼십 년이니이다. (47:9)
- 나그네 -

7. 그들이 □ □ 강 건너편 아닷 타작 마당에 이르러 거기서 크게 울고 애통하며 요셉이 아버지를 위하여(삼)(일)동안 애곡하였더니 (50:10)
- 요단, 칠일 -

문 제 　관계성이 있는 말에 줄로 연결하세요

1. ① 첫째날(창 1:4) · 　　ㄱ 해와 달과 별을 만드시다
   ② 둘째날(창 1:7) · 　　ㄴ 새와 물고기를 만드시다
   ③ 셋째날(창 1:10) · 　　ㄷ 짐승과 사람을 만드시다
   ④ 넷째날(창 1:16) · 　　ㄹ 궁창을 만드시다
   ⑤ 다섯째날(창 1:21) · 　　ㅁ 빛과 어두움을 나누심
   ⑥ 여섯째날(창 1:24) · 　　ㅂ 땅과 바다를 만드심
   ⑦ 일곱째날(창 2:2) · 　　ㅅ 안식하심

답 ① - ㅁ, ② - ㄹ, ③ - ㅂ, ④ - ㄱ,
⑤ - ㄴ, ⑥ - ㄷ, ⑦ - ㅅ

2. ① 아담 · 　　ㄱ 방주에 들어가다 · 　　가 여자를 만드시고
   ② 뱀의 유혹 · 　　ㄴ 본토, 친척, 아비 집을 떠남 · 　　나 무화과 잎으로 치마를 입음
   ③ 노아의 여덟 식구 · 　　ㄷ 아들을 잡으려 하더니 · 　　다 하나님을 경외하는 줄 아노라
   ④ 나이 칠십 오세 아브람 · 　　ㄹ 선악과를 따 먹었더라 · 　　라 너는 복의 근원이 되리라
   ⑤ 네 독자를 번제로 드려라 · 　　ㅁ 갈빗대 · 　　마 홍수를 피하고 구원 받음

답 ① - ㅁ - 가, ② - ㄹ - 나, ③ - ㄱ - 마,
④ - ㄴ - 라, ⑤ - ㄷ - 다

문 제	맞다 아니다 퀴즈

★ 남 · 여 그룹 대항전 ★

문제를 듣고 맞다, 아니다로 퀴즈게임을 한다.

▩ 남자 질문 / □ 여자 대답 (모르면 통과)

1	태초에 하나님이 우주만물을 창조하셨다.	맞다
2	우주만물을 7일 동안에 창조하셨다.	아니다
3	사람을 만드시고 코에 생기를 불어 넣으셨다.	맞다
4	만물을 만드시고 일곱째 날은 피곤해서 쉬었다.	아니다
5	하와도 흙으로 만드셨다.	아니다
6	아담이 선악과를 먹고 싶어 먹었다.	아니다
7	뱀은 하와를 유혹하기 위해 거짓말을 하였다.	맞다

▶ 문제를 만들어서 계속...

□ 여자 질문 / ▩ 남자 대답 (모르면 통과)

1	아담은 처음으로 가인을 낳다	맞다
2	가인은 동생 아벨을 쳐 죽였다	맞다
3	아담이 죄를 지므로 후손들이 복을 못 받았다	아니다
4	에녹은 하나님과 500년을 동행하였다	아니다
5	므두셀라는 창세 이후로 제일 장수하였다	맞다
6	노아는 복을 받아 10 남매를 낳았다	맞다
7	방주를 만든 사람은 아담이다	아니다

▶ 문제를 만들어서 계속...

* 시간을 정해 놓고 정확하게 많이 맞춘 팀이 승리한다.

문 제 스피드 퀴즈 게임

★ 남 · 여 그룹 대항전 ★

남 · 여 대표 각 2명 출전

※ 사회자가 카드를 보여주면 말과 행동으로 설명하면 대답한다.

남자 A (카드)	카드를 보고 설명		남자 B 설명을 듣고 대답	
1 에덴동산	아담과 하와가 살던 낙원의 다른말	··▶	에덴동산	모르면 통과
2 뱀	하와를 유혹한 들짐승, 몸이 길다	··▶	뱀	〃
3 다 윗	골리앗을 물리친 사람, 이스라엘의 왕	··▶	다 윗	〃
4 다 메 섹	사도바울이 회개한 장소 (도시이름)	··▶	다 메 섹	〃

카드를 만들어 계속 ... 시간을 정해 놓고 많이 맞추는 팀이 승리.

여자 A (카드)			여자 B	
1 하 와	아담의 부인, 이브의 다른 말	··▶	하 와	모르면 통과
2 선 악 과	뱀이 유혹하여 하와가 먹은 과일은	··▶	선 악 과	〃
3 데 라	아브라함의 아버지 이름은	··▶	데 라	〃
4 독 주	독한 술의 다른말 한자어로 (　　)	··▶	독 주	〃

카드를 만들어 계속 ... 시간을 정해 놓고 많이 맞추는 팀이 승리.

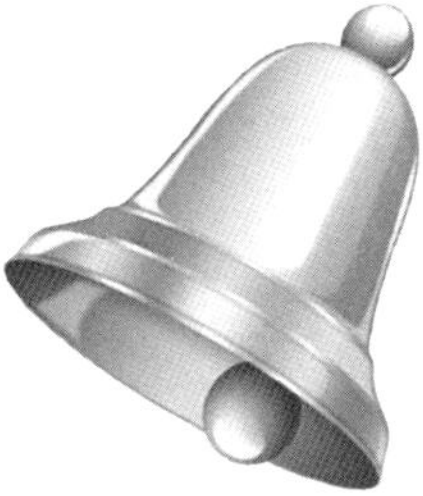

출애굽기

문 제	성경 문제를 듣고 답을 선택하세요

1. 야곱이 애굽으로 인도해간 요셉까지의 식구는 모두 몇 명입니까? (1:5)
   ① 100 명　② 60 명　③ **70 명**　④ 30 명

2. 모세의 이름의 뜻은 무엇일까요? (2:10)
   ① **물에서 건져내다**　② 아름답다
   ③ 불에서 건져내다　④ 구원자

3. 모세의 장인은 직분이 무엇이며 그 이름은 무엇입니까? (3:1)
   ① 왕　② 제사장　③ 미디안　④ **이드로**

4. 모세의 손에 든 지팡이를 땅에 던졌더니 무엇이 되었습니까? (4:3)
   ① **뱀**　② 피　③ 물바다　④ 파리

5. 여호와께서 이제 내가 바로에게 하는 일은 네가 보리라 하시면서 나는 누구라고 하셨습니까? (6:2)
   ① 능력자　② 하나님　③ **여호와**　④ 구원자

6. 애굽땅에는 온 천지가 우박으로 피해를 당했는데 이스라엘 자손이 거한 □ □ 땅에는 우박이 없었습니다. 그 곳은 어디입니까? (9:26)

① 예루살렘 ② 가나안

③ 갈대아 우르 ④ **고센**

7. 메뚜기가 애굽 온 땅에 이르러 그 사방에 내리매 그 피해가 심하니 바로가 모세에게 무엇이라 하였습니까? 써보세요 (10:16~17)

( )

8. 하나님께서 바로에게 재앙을 내렸는데 마지막 재앙은 무엇입니까? (11:5)

( )

9. 유월절에 양을 잡아먹는데 피는 어떻게 하며 고기는 어떻게 먹습니까? (12:7~8)

· **피** = ① 버린다 ② 제사한다 ③ **좌우 문설주와 방에 바른다**

· **고기** = ① 삶아 먹는다 ② **불에 구워 먹는다** ③ 생식한다

10. 이스라엘 자손이나 짐승 중에서 처음 난 것은 어떻게 해야 합니까? (13:2)

① 잔치한다 ② **거룩하게 구별한다**

③ 귀하게 쓴다 ④ 가족을 위해 재물로 쓴다

11. 이스라엘 민족을 광야에서 낮에는 무엇으로 밤에는 무엇으로 인도하였습니까? (13:21)

· **낮** = ① 안내자 ② 제사장 ③ **구름기둥**

· **밤** = ① 성령으로 ② 여호와께서 ③ **불기둥**

12. 이스라엘 백성이 광야에서 뒤에서 애굽의 군사들이 쫓아오고 앞에는 홍해가 가로막고 있을 때 모세는 어떻게 하였습니까? (14:15)

① 당황하였다 ② 하나님을 원망했다 ③ **여호와께 부르짖었다**

13. 마라의 물이 써서 마시지 못하므로 모세는 어떻게 하였습니까? (15:25)

① **나무를 물에 던짐** ② 기도함

③ 물가리하다 ④ 울었다

14. 이스라엘 백성들이 광야에서 무엇을 먹고 살았습니까? (16:31)

① 양고기 ② **만나** ③ 농사하여 ④ 말씀의 양식

15. 루비딤에서 모세가 아말렉과 싸울 때 모세는 어떻게 싸웠습니까? (17:11)

① 검과 뭉치로 ② 전술로 ③ **손을 들고** ④ 지팡이로

16. 나를 미워하는 자는 몇 대까지 죄가 이르며 사랑하는 자는 몇 대까지 은혜를 받습니까? (20:5~6)

· **미워하는 자** = ① 7 대 ② **3, 4 대** ③ 10 대

· **사랑하는 자** = ① 100 대 ② **천 대** ③ 영원토록

17. 뇌물은 밝은 자의 눈을 어떻게 하며 의로운 자의 말은 어떻게 합니까? (23:8)

· **뇌물은** = ① **눈을 어둡게** ② 눈을 밝게 ③ 형통하게

· **의로운자의 말** = ① **굽게하며** ② 빗나감 ③ 바르게 한다

18. 이스라엘의 3대 명절이 아닌 것은? (23:15~16)

① 맥추절 ② **성탄절** ③ 수장절 ④ 유월절

19. 제물을 드릴 때 어떤 제물을 여호와께서 받으십니까? (25:2)

① 형편에 맞도록 ② 많은 재물

③ **기쁜 마음으로** ④ 기도하면서

20. 모세가 시내산에 있을 때 백성들이 무엇을 만들었습니까? (32:4)

① 우상 ② 십자가 ③ **송아지 형상** ④ 마귀

21. 모세가 시내산에서 받은 증거의 두 판은 누가 만든 것입니까? (32:16)

① 모세 ② 대제사장 ③ **하나님이 만드심** ④ 왕이 만듬

22. 제 칠일은 너희에게 성일이니 여호와께 특별한 안식일이니 이날에 일하면 어떻게 됩니까? (35:2)

① 복을 받음 ② 화가 임함 ③ **죽일 찌니** ④ 저주 받음

23. 성소의 모든 것을 만들 때 백성들이 예물을 어떻게 가져왔습니까? (36:3)

① 지혜롭게 ② 억지로 ③ **자원하는 마음으로** ④ 강제로

24. 성막을 만든 후에 구름이 떠오르면 어떻게 하였습니까? (40:36)

① **앞으로 나아감** ② 영광이 충만

③ 성령이 인도 ④ 휴식을 취함

문 제 (   ) 안에 있어야 할 말을 써 넣으시오

1. 이스라엘 자손이 애굽에 내려가서 어떻게 번성하였습니까? (1:7)
( )

2. 모세가 왜 바로의 낯을 피하여 미디안 땅으로 피신하였습니까? (2:14)
( )

3. 하나님이 이르시되 이리로 가까이 오지 말라 네가 선 곳은 (①) 땅이니 네 (②)에서 (③)을 벗으라 . (3:5)

① **거룩한** ② **발** ③ **신**

4. 주여 나는 본래 (①)을 잘 하지 못하는 자니이다 주께서 주의 종에게 명령하신 후에도 역시 그러하니 나는 입이 (②)하고 (③)가 둔한 자니이다 (4:10)

① **말** ② **뻣뻣** ③ **혀**

5. 볼지어다 내가 내 손의 (①)로 나일 강을 치면 그것이 (②)로 변하고 나일 강의 (③)가 죽고 그 물에서는 악취가 나리니 (7:17~18)

① **지팡이** ② **피** ③ **고기**

6. 개구리 재앙으로 어떤 피해를 보았습니까? 쓰세요 (8:3)
( )

7. 바로가 모세에게 이르되 너는 나를 (①) 스스로 삼가 (②)내 얼굴을 보지 말라 네가 내 얼굴을 보는 날에는 (③) (10:28)

① **떠나가고** ② **다시** ③ **죽으리라**

8. 유월절에 양고기를 어떻게 먹어야 합니까? (12:11)

허리에 (①) 발에 (②) 손에 (③) 급히 먹으라 이것이 여호와의 유월절이니라

① **띠를 띠고** ② **신을 신고** ③ **지팡이를 잡고**

9. 유월절에는 무교병과 유교병 어떤 떡을 먹어야 합니까? (13:6)

( )

10. 이스라엘 백성들이 광야에서 모세에게 무어라고 불평, 원망하였습니까? (14:11)

( )

11. 하나님께서 애굽 군사를 어지럽게 하고 바다 물로 매장하신 때가 언제입니까? 아침, 낮, 저녁, 새벽 중 어느 때인가요? (14:24, 27)

( )

12. 하나님께서 어떤 자에게 질병을 내리지 않습니까? (15:26)

① 충성하는 자 ② **말을듣고**

③ **의를 행하며** ④ **규례를 지키면**

문 제　□ 안에 낱말을 쓰시고 ○ 안에 틀린것을 고치세요

1. 내가 이스라엘 자손의 ㊀불㊀평함을 들었노라 그들에게 말하여 이르기를 너희가 해 질 때에는 □ □ 를 먹고 아침에는 국으로 배부르리니 내가 여호와 너희의 하나님인 줄 알리라 하라 하시니라. (16:12)

· **불평** = **원망**　□ □ = **고기**　**국** = **떡**

2. 아론과 훌이 □ □ □ 은 이쪽에서, 한 사람은 저쪽 에서 모세의 손을 붙들어 올렸더니 그 손이 달가 지도록 내려오지 아니한지라. (17:12)

· □ □ □ = **한 사람**　**달** = **해**

3. 너를 위하여 새긴 □ □ 을 만들지 말고 또 위로 천 국에 있는 것이나 아래로 땅에 있는 것이나 땅 아래 물속에 있는 것의 어떤 우상도 만들지 말며 (20:4)

· □ □ = **우상**　**천국** = **하늘**　**우상** = **형상**

4. 자기 □ □ □ 나 동생를 치는 자는 반드시 죽일지니라. (21:15)

· □ □ □ = **아버지**　**동생** = **어머니**

5. 아론이 그들에게 이르되 너희의 아내와 자녀의 귀에서 은부처를 빼어 내게로 가져오라 (32:2)
아론이 그들의 손에서 금 고리를 받아 부어서 조각칼로 새겨
□ □ □ □ □ 을 만드니 (32:4상)

· **은부처** = **금고리**　□ □ □ □ □ = **송아지형상**

6. 진에 가까이 이르러 그 □ □ □ 와 그 춤 추는 것들을 보고 크게 노하여 손에서 그 돌 들을 산 아래로 던져 깨뜨리니라 (32:19)

· □ □ □ = **송아지** 돌 = **판**

7. 여호와께서 모세에게 이르시되 누구든지 내게 싸 움 하면 내가 내 □ 에서 그를 제 외 버리리라 (32:33)

· **싸움** = **범죄** □ = **책** **제외** = **지워**

8. 모세가 여호와와 함께 □ □ □ 사십 야를 거기 있으면서 밥 도 먹지 아니하였고 □ 도 마시지 아니하였으며 여호와께서는 진 리 의 말씀 곧 십계명을 그 판들에 기록하셨더라 (34:28)

· □ □ □ = **사십 일** 밥 = **떡** □ = **물** **진리** = **언약**

문 제 관계성이 있는 말에 줄로 연결하세요

1. ① 집 좌우 문설주에 바르고(12:7) • ㄱ 여호와니라
② 바다를 갈라지게 한 것(14:21) • ㄴ 아말렉과 싸우니라
③ 나는 너희를 치료하는(15:26) • ㄷ 모세의 지팡이
④ 모세가 손 들고 싸운 싸움(17:11) • ㄹ 시내산
⑤ 돌판 둘(십계명) (34:4) • ㅁ 어린 양의 피

답 ① - ㅁ, ② - ㄷ, ③ - ㄱ, ④ - ㄴ, ⑤ - ㄹ

2. 1. 히브리 산파는 누구입니까?(1:15) 답 2
2. 모세의 장인은 어떤 사람입니까?(3:1) 답 3
3. 나는 스스로 있는 자니라 누구입니까?(3:14) 답 1
4. 물에서 건져낸 사람은?(2:10) 답 8
5. 지팡이를 바로 앞에 던지니 무엇이 되었습니까?(7:10) 답 6
6. 애굽 전국에 전무 후무한 재앙은 무엇입니까?(11:15) 답 9
7. 재앙이 넘어가므로 구원 받음.(12:13) 답 10
8. 여호와께서 너희에게 주어 먹게 하신 양식.(16:15) 답 13
9. 모세의 손을 붙들어 준 사람.(17:10) 답 11
10. 처소에서 불도 피우지 말라.(35:3) 답 12

답 ①하나님 ②십브라, 부아 ③이드로 ④아론 ⑤바로 ⑥뱀
⑦개구리 ⑧모세 ⑨ 처음 난 것이 죽음 ⑩ 유월절 ⑪아론, 훌
⑫안식일 ⑬ 만나 ⑭ 생수 ⑮ 공주

문 제	성경을 바르게 읽고 빨리 읽는 퀴즈 게임

★ 남 · 여 그룹 대항전 ★

남 · 여 대표 각 3명 출전

* 이 퀴즈게임은 성경을 정확하게 정독하는 것을 가르치기 위한 것입니다. 계시록 1:3절에 보면 이 예언의 말씀을 읽는자와 듣는자들과 그 가운데 기록한 것을 지키는 자들이 복이 있다고 말씀하셨습니다. 성경 한자 한자를 정확하게 빠르게 정독해야 한다.

■ 남자 그룹

1. 출애굽기 15장 1절에서 18절까지 바르게 빨리 읽기

    * 틀리면 실격, 다음 사람이 처음부터 다시 읽는다.
    * 정확한 발음, 시간을 본다.

    시 - 작 .... 끝나면 여자 그룹이 한다.

□ 여자 그룹

2. 출애굽기 1장 을 바르게 빨리 읽기

    * 틀리면 실격, 다음 사람이 처음부타 다시 읽는다.
    * 정확한 발음, 시간을 본다.

    시 - 작 .... 끝나면 남자 그룹이 한다.

▶ 담임 교사가 출제하여 계속한다.

* 정확하게 빨리 읽는 그룹이 승리한다.

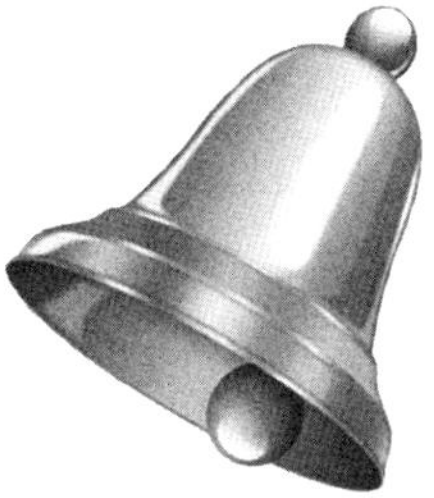

민수기

문 제	성경 문제를 듣고 답을 선택하세요

1. 이스라엘 백성 중에 싸움에 나갈만한 사람은 몇 살 된 사람일까요? (1:3)
   ① **20세 이상**　② 22세 이상　③ 25세 이상

2. 애굽에서 나올때에 이십세 이상으로 싸움에 나갈만한 사람은 몇 명 이었습니까? (1:45~46)
   ① 70만 명　② **60만 3천 5백 5십 명**　③ 100만 명

3. 이스라엘의 처음 난 자는 사람이나 짐승을 어떻게 하였습니까? (3:13)
   ① 제사를 드림　② 성경하게 함　③ **거룩히 구별함**

4. 레위 자손 중에 회막에서 일할 수 있는 사람은 어떤 사람입니까? (4:3)
   ① 20~30 세　② **30~50 세**　③ 50~60 세

5. 증거궤는 무엇을 말합니까? (4:5)
   ① 제사함　② **법궤**　③ 나라의 수호신

6. 이스라엘 자손들이 행진할 때 성소의 기구를 어떻게 운반하였습니까? (4:15)
   ① 소가 메고 감　② 레위 사람들이　③ **고핫 자손들이 메고 감**

7. 나실인이란 무슨 뜻입니까? (6:2)

① 제사장　② **서원을 하고 몸을 구별**　③ 선택한 사람

8. 나실인이 금해야 3가지가 무엇인지 찾아 보세요. (6:2~6)

(　　　　　　　　　　　　　　　　　　　　　　)

9. 하나님께서는 어떤 제물을 기쁘게 받으십니까? (8:16)

① 흠이 없는 것　② **초태생**　③ 많은 것

10. 레위인 중 회막에서 일할 수 있는 나이와 쉬는 나이는? (8:24~25)

· **일하는 나이** = ① 20세부터　② **25세 이상**　③ 30세부터

· **쉬는 나이** = ① 40세부터　② **50세 부터**　③ 60세부터

11. 애굽에서 나온 후 이스라엘 백성이 처음으로 유월절을 지킨 곳? (9:5)

① 골란 평지　② 모압 땅　③ **시내 광야**

12. 은 □ □ 둘을 만들되 두들겨 만들어서 그것으로 회중을 □ □ 하며 진영을 출발하게 할 것이라. (10:2)

· **나 팔**　　　· **소 집**

13. 이스라엘 광야에서 진행할 때 제일 앞에 선 것은? (10:33)

① 나팔　② **여호와의 언약 궤**　③ 제사장

14. 여호와께서 들으시기에 백성이 □한 말로 □ □ 하매 여호와께서 들으시고 □ □ 하사 (11:1)

· **악**　　　· **원망**　　　· **진노**

15. 광야에서 만나를 어떻게 먹었습니까 해당되는 것을 다 고르세요? (11:8)

① **맷돌에 갈기도 하며** ② **절구도 찧기도 하며** ③ **가마에 삶기도 하며**

16. 이스라엘 백성들이 고기가 없다고 불평하였을 때 주신 고기는? (11:31)

① 양고기 ② 쇠고기 ③ **메추라기**

17. 모세가 구스 여자를 취하였더니 그 □ □ 여자를 취하였으므로 미리암과 □ □ 이 모세를 □ □ 하니라 (12:1)

· **구스** · **아론** · **비방**

18. 모세가 구스 여자를 취하였다 하여 모세를 비방하고 원망한 결과는 어떻게 되었습니까? (12:9~10)

① 더러운 병에 걸림 ② 벙어리가 되다 ③ **문둥병이 들다**

19. 모세는 적군을 정탐하기 위하여 어디로 정탐꾼을 보내었습니까? (13:2)

① 블레셋 ② **가나안 땅** ③ 애굽

20. 정탐꾼들이 가나안 땅을 정탐하고 돌아올 때 가져오지 않은 열매는? (13:23)

① 포도 ② **감람열매** ③ 석류 ④ 무화과

21. 가나안 땅을 몇일 동안 정탐하였습니까? (13:25)

① 20 일 ② 30 일 ③ **40 일** ④ 50 일

22. 가나안 따을 탐지한 여호수아와 갈렙의 보고한 것을 쓰시오. (14:9)

( )

23. 안식일에 나무를 한 사람이 어떠한 벌을 받았습니까? (15:32~36)

① 중풍병에 걸림　② 감옥에 들어감　③ **돌로 쳐 죽임**

24. 모세를 거스리고 당을 만든 사람은 누구 누구일까요? (16:1)

① **고라**　② 갈렙　③ **다단**　④ **아비람**　⑤ **온**

25. 모세를 반대한 고라 일당과 250인 족장들이 어떠한 벌을 받았나? (16:35)

(　　　　　　　　　　　　　　　　　　　　)

26. 아론의 지팡이에 살구 열매를 맺게 한 이유는 무엇입니까? (17:5)

(　　　　　　　　　　　　　　　　　　　　)

27. 아론의 지팡이에 움이 돋고 순이 나고 꽃이 피어 맺힌 열매는? (17:8)

① 무화과 열매　② 감람 열매　③ **살구 열매**

28. 이스라엘 자손이 여호와께 거제로 드리는 □ □ □ 를 레위인에게 □ □ 으로 주었으므로 (18:24)

· **십일조**　　· **기 업**

29. 레위인이 이스라엘 자손에게 받은 십일조로 여호와께 드리는 거제는 무엇입니까? (18:26)

① 십일조　② 초태생　③ **십일조의 십일조**

30. 가데스에서 물이 없을 때 모세와 아론은어떻게 하였습니까? (20:6)

① 노래 하였다　② 강청하여 울었다　③ **회막문에 엎드렸다**

31. 모세는 반석을 몇 번 쳤습니까? (20:11)

① 한 번 ② **두 번** ③ 세 번 ④ 다섯 번

32. 이스라엘 백성들이 에돔 땅에서 하나님과 모세를 원망하였습니다. 무엇 때문에 원망하였습니까? (21:5)

① **음식이 없어서** ② 잠잘곳이 없어서 ③ 옷이 없어서

33. 관계 있는 낱말을 연결하세요. (21:5~9)

① 불 뱀(21:6)	·	ㄱ 놋뱀을 쳐다 본즉
② 길로 인해(21:4)	·	ㄴ 하나님과 모세를 원망
③ 뱀에 물린 자(21:8)	·	ㄴ 백성들이 죽음

답 ① - ㄷ, ② - ㄴ, ③ - ㄱ

34. 발람을 태운 나귀가 앞으로 가지 못하는 이유가 무엇입니까? (22:22)

① 눈이 어두워서 ② **사자가 길을 막으므로** ③ 나귀가 화가 나서

35. 발람이 나귀가 가지 않는다고 때릴 때 나귀는 어떤 반응을 보였나? (22:28)

① **나귀가 입을 열었다** ② 도망하였다 ③ 화가 났다

36. 나귀가 입이 열려 사람의 말을 하면서 무엇이라고 하였습니까? (22:28, 30)

( )

37. 이스라엘 백성들이 광야 싯딤에서 24,000명이 죽은 이유는? (25:1)

① 도적질 하므로 ② 하나님을 원망 ③ **모압 여인과의 음행 죄**

38. 모세가 죽은 산은 어떤 산 입니까? (27:12~13)

① **아바림산** ② 에발산 ③ 시내산

39. 모세는 후계자로 누구를 세웠습니까? (27:22~23)

① 고라 ② **여호수아** ③ 아론

40. 관계 있는 것에 연결하세요. (28:26)

① 유월절(출 12:11) ·	ㄱ 가을에 농작물을 거둬 저장함
② 칠칠절(민 28:26) ·	ㄴ 애굽에서 탈출하여 나온 기념일
③ 수장절(출 23:16) ·	ㄷ 처음 익은 열매를 드리는 제사

답 ① - ㄴ, ② - ㄱ, ③ - ㄷ

41. 발람이 미디안에서 어떻게 죽었습니까? (31:8)

① 자살하다 ② 적군에게 죽음 ③ **칼에 맞아 죽음**

42. 모세의 형 아론은 몇 살에 죽었습니까? (33:39)

① 120 세 ② 130 세 ③ **123 세** ④ 135 세

43. 이스라엘 백성들이 가나안 땅에 어떻게 들어갔습니까? (34:13)

① **제비 뽑아 얻은 땅** ② 싸워서 ③ 하나님이 주셔서

44. 가나안에 들어가 그 땅을 몇 지파에게 나누어 주셨습니까? (34:13)

① 10지파 ② **9지파 반** ③ 12지파 ④ 7지파 반

45. 이스라엘에 도피성의 수는 몇 개 있까요? (35:6)

① 4 개 ② **6 개** ③ 12 개 ④ 1 개

문 제	성경 목록 암송 퀴즈

★ 남 · 여 그룹 대항전 ★

문제를 듣고 맞다, 아니다로 퀴즈게임을 한다.

▩ 남자 질문 / □ 여자 대답

(모르면 통과)

1	제일 오래 장수한 므두셀라는 969세까지 살았다.	맞다
2	노아의 방주 안에는 많은 사람이 구원을 받았다.	아니다
3	노아가 날려보낸 비둘기는 나뭇잎을 물고 돌아왔다.	맞다
4	노아가 술에 취했을 때 수치를 덮어준 아들은 함이다.	아니다
5	아브람이 하란를 떠날 때 90세 이었다.	아니다
6	아브람은 318명을 거느리고 롯을 구했다.	맞다

▶ 문제를 만들어서 계속...

□ 여자 질문 / ▩ 남자 대답

(모르면 통과)

1	아브람은 100세에 아들을 낳다.	맞다
2	아브라함은 아내를 누이라 거짓말하였다.	맞다
3	아브라함은 200세에 죽었다.	아니다
4	야곱과 에서는 쌍둥이다.	맞다
5	라반은 야곱의 외삼촌이다.	맞다
6	야곱은 외삼촌집에서 7년을 봉사하였다.	아니다
7	요셉은 야곱의 막내아들이다.	아니다

▶ 문제를 만들어서 계속...

* 시간을 정해 놓고 정확하게 많이 맞춘 팀이 승리한다.

문 제　　퍼즐 채우기 게임

※ 가로의 힌트와 세로의 힌트를 참고하여 빈칸을 채워 넣으세요.

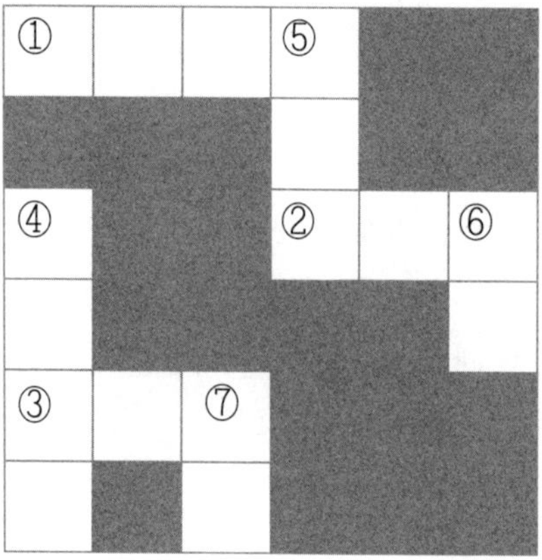

가로 열쇠

1. 하나님이 우리와 함께하심 (마 1:23)
2. 예수님의 동생의 이름(마 13:55)
3. 바울을 도와 빌립보에서 교회를 세운 여인(행 16:14)
4. 여호와를 찬양하라(시 150:6)

세로 열쇠

5. 아합왕과 싸운 구약의 선지자 (왕상 18:20~22)
6. 가나안 땅에서 이스라엘 백성들이 소리내어 운 곳(삿 2:5)
7. 남유다의 15대 왕으로 악한 왕 (왕하 21:19)

정답

① 임마누엘　② 야고보　③ 루디아　④ 할렐루야
⑤ 엘리야　⑥ 보김　⑦ 아합

신명기

문 제 성경 문제를 듣고 답을 선택하세요

1. 하나님께서 아브라함의 후손에게 주시겠다고 약속한 땅은 어디인가? (1:8)
   ① 애굽 ② **가나안** ③ 모압 ④ 암몬

2. 각 지파에서 천부장, 백부장, 오십부장, 십부장을 뽑았는데 무엇하기 위해서인가요? (1:15~16)
   ① **재판** ② 지휘 감독 ③ 작전 지도 ④ 싸우기 위해

3. 하나님께서 롯의 자손에게 기업으로 주신 땅은 어디입니까? (2:9)
   ① 헤브론 ② 숙곳 ③ **아르**

4. 하나님께서 모세에게 요단을 건너지 못하고 어떻게 된다고 말씀하셨나요? (3:27)
   ( )

5. 무슨 형상을 만들지 말라고 하셨습니까? (4:16~18)
   ( )

6. □ 안에 빠진 것을 넣으세요. 네 하나님 여호와는 □ □하는 □ 이시요 □ □ 하시는 하나님이시니라. (4:24)

· **소멸** · **불** · **질투**

7. 관계 있는 것에 줄로 연결 하세요. (5:7~21)

1계명 ·	· 네 부모를 공경하라.
10계명 ·	· 네 이웃의 집을 탐내지 말라
8계명 ·	· 나외 다른 신을 네게 있게 말라
5계명 ·	· 너의 하나님 이름을 망령되이 일컫지 말라
2계명 ·	· 네 이웃에 거짓증거 하지 말라
9계명 ·	· 살인하지 말라
6계명 ·	· 나를 위하여 우상을 만들지 말라
3계명 ·	· 간음하지 말라
7계명 ·	· 안식일을 거룩히 지키라
4계명 ·	· 도적질 하지 말라

8. 이스라엘아 들으라 우리 □ □ □ 여호와는 오직 □ □ □ 여호와이시니 (6:4)

· **하나님** · **유일한**

9. 가나안 땅에는 몇 족속이 살고 있었습니까? (7:1)

① **7 족속** ② 12 족속 ③ 70 족속 ④ 48 족속

10. 사람이 □으로만 사는 것이 아니요 여호와의 □ 에서 나오는 모든 □ □ 으로 사는 줄을 네가 알게 하려 하심이니라 (8:3)

· **떡** · **입** · **말씀**

11. 모세가 언약의 돌판을 받으려고 산에 올라가서 몇 일을 식음을 전폐하였습니까? (28:14)

① 3 일　② 20 일　③ **40 일**　④ 일주일

12. 관계 있는 것에 두 번 연결 하세요. (6:5~9)

① 마음을 다하고 ·	ㄱ 부지런히 가르치며 ·	가 힘을 다하고
② 말씀을 마음에 새기고 ·	ㄴ 성품을 다하고 ·	나 집에 앉았을 때든지
③ 손목에 매어 ·	ㄷ 기호를 삼으며 ·	다 네 문설주에 기록하라

답 ① - ㄴ - 가, ② - ㄱ - 나, ③ - ㄷ - 다

13. 하나님 여호와께서 우리에게 요구하시는 것이 있습니다. 그것이 무엇있니까? (10:12)

하나님 여호와를 □ □ 하여 그의 모든 □ 를 행하고
그를 □ □ 하며 □ □ 을 다하고 뜻을 다하여
네 하나님 여호와를 □ □ □

① **경 외**　② **도**　③ **사 랑**　④ **마 음**　⑤ **섬기고**

14. 내가 오늘날 복과 저주를 너희 앞에 두나니 어떻게 해야 복과 저주를 받습니까? (11:26~28)

복을 받으려면 = 여호와의 명령을 들으면
저주를 받는 것 = 너희에게 명령하는 도에서 돌이켜 명령을 듣지 아니하면

15. 생축을 잡아 고기는 먹을 수 있으나 그 피는 어떻게 합니까? (12:16)

① 제사드린다　② 먹는다　③ **먹지말고 땅에 쏟는다**

16. 토지의 소산을 드리는 곳이 너무 멀어서 가지고 가지 못할 때는 어떻게 합니까? (14:24~25)

① 수레를 이용한다　② 팔아서 드린다　③ **돈으로 바꾸어 드린다**

17. 네가 하나님 말씀을 듣고 그 명령을 다 지켜 행하면 어떻게 되는지 다 말해 보세요. (15:5~6)

① **가난한 자가 없고**　② **꾸지 아니하고**　③ **치리함을 받지 아니함**

18. 가난한 형제가 요구하는 것이 있으면 어떻게 해야 하나요? (15:7~8)

① **요구하는대로 넉넉히 꿔줘라**　② 거절 하라

③ 무관심 하라　④ 이자를 받고 꾸어주라

19. 구제할 때는 어떻게 해야 합니까? (15:10)

① 적당히　② **아끼는 마음을 품지말고**　③ 인색하게

20. 일 년에 □ □ 곧 무교절과 칠칠절과 초막절에 네 하나님 여호와께서 택하신 곳에서 여호와를 뵈옵되 □ □으로 여호와를 뵈옵지 말고 (16:16)

· 세 번　**· 빈 손**

21. 같은 절기를 줄로 연결하세요. (16:16)

① 유월절 ·	ㄱ	오순절
② 칠칠절 ·	ㄴ	초막절
③ 수장절 ·	ㄷ	무교절

답 ① - ㄷ, ② - ㄱ, ③ - ㄴ

22. 완악하고 패역한 아들이 있어 부모의 말을 순종치 아니하고 듣지 아니하면 어떤 벌을 받습니까? (21:18~21)

( )

23. 여자는 □ □ 의 의복을 입지 말 것이요 남자는 □ □ 의 의복을 입지 말 것이라 이같이 하는 자는 네 하나님 여호와께 □ □ 한 자이니라 (22:5)

· 남자 **· 여자** **· 가증**

24. 형제에게 돈이나 식물을 꿔주면 이자를 받아야 합니까? 안 받아야 합니까? (23:20)

① 받아야 한다 ② **받지 말아야 한다**

③ 사배를 받아야 한다 ④ 원가만 받아야 한다

25. 밭에서 곡식을 벨 때에 한 묶음을 잊어버리면 다시가서 찾지 말라고 하였는데 그 이유는 무엇일까요? (24:19)

① 짐승의 양식으로 ② **고아와 과부와 객을 위하여**

③ 힘이 들므로 ④ 종자씨를 남겨두기 위하여

26. 형제 중 아들이 없이 죽을 경우 어떻게 후사를 잇게 합니까? (25:5~6)

① 양자를 둔다 ② 죽은 자의 아내가 타인과 재혼해서 자식을 낳는다

③ **남편의 형제를 아내로 삼아 첫 아들을 후사로 잇게 한다**

27. 네가 네 하나님 여호와의 □ □을 삼가 □ □ 내가 오늘 네게 명령하는 그의 모든 □ □을 지켜 □ 하면 네 하나님 여호와께서 너를 세계 모든 □ □ 위에 뛰어나게 하실 것이라. (28:1)

· 말씀 **· 듣고** **· 명령** **· 행** **· 민족**

28. 여호와의 말씀을 순종하면 복을 받는데 어떤 복을 받습니까? (28:3~6)

□ □ 에서도 복을 받고 □ 에서도 복을 받을 것이며 네 몸의 □ □ 와 네 토지의 □ □ 과 네 짐승의 새끼와 소와 양의 새끼가 □ 을 받을 것이며 네 □ □ □ 와 떡 반죽 그릇이 복을 받을 것이며 네가 □ □ □ □ 복을 받고 나가도 복을 받을 것이니라

· 성읍 · 들 · 자녀 · 소산 · 복 · 광주리 · 들어와도

29. 들어와도 저주를 받고 나가도 저주를 받는 사람은 어떤 사람인가요? (28:15)

① 불신하면 ② 성령을 거역하면 ③ **순종치 아니하면**

30. 내가 너희에게 선언하노니 너희가 반드시 망할 것이요 하셨는데 어떤 사람을 말합니까? (30:17~18)

① **다른 신에게 절하고 섬기면** ② 형제를 미워하면 ③ 저주하면

31. 내가 오늘 하늘과 땅을 불러 너희에게 증거를 삼노라 내가 (①) 과 (②)과 (③)과 (④)를 네 앞에 두었은즉 너와 네 자손이 살기 위하여 (⑤)을 택하고 (30:19)

① **생명** ② **사망** ③ **복** ④ **저주** ⑤ **생명**

32. 같은 것끼리 연결하세요. (31:6)

① 강하고 ·	ㄱ	너와 함께 행하실 것이라
② 그들 앞에서 ·	ㄴ	떠나지 아니하며
③ 여호와가 ·	ㄷ	떨지 말라
④ 반드시 너를 ·	ㄹ	담대하라

답 ① - ㄹ, ② - ㄷ, ③ - ㄱ, ④ - ㄴ

33. 독수리가 새끼를 어떻게 양육하며 연단을 시킵니까? (32:11)

마치 독수리가 자기의 보금자리를 (　　①　　) 하며 자기의 새끼 위에 (　　②　　) 그의 날개를 펴서 (　　③　　) 그의 날개 위에 그것을 업는 것 같이

① **어지럽게**　② **너풀거리며**　③ **새끼를 받으며**

34. 하나님의 사람 모세가 죽기 전에 이스라엘 자손에게 무엇을 하였습니까? (33:1)

① 저주를 하다　② **축복을 하다**　③ 경고를 하다

35. 모세는 죽음앞에서 가나안 땅에 들어가지 못하고 어떻게 하였습니까? (34:4)

내가 네 눈으로 □ □ 하였거니와 너는 그리로 □ □ □ □ 못하리라

· **보게**　· **건너가지**

36. 모세는 어디에서 죽었습니까? (34:5~6)

① **모압 땅 골짜기**　② 가나안　③ 여리고

37. 모세는 몇 살에 죽었습니까? (34:7)

① 150세　② 200세　③ 300세　④ **120세**

문 제 한글 자음을 보고 단어를 알아 맞춘다

예 : ㅇ ㅅ	답 : 예 수

①	ㄱ ㅎ	답 교 회
②	ㄴ ㅇ	답 노 아
③	ㄷ ㄷ ㅇ	답 다대오
④	ㄷ ㄹ	답 도 리
⑤	ㅂ ㄹ ㅂ	답 빌립보
⑥	ㅁ ㄱ ㅇ	답 미가엘
⑦	ㅂ ㅂ	답 부 부
⑧	ㅂ ㅈ	답 방 주
⑨	ㅂ ㅇ ㅅ	답 보아스
⑩	ㅁ ㄷ ㅇ	답 미디안
⑪	ㅅ ㅎ	답 시 험
⑫	ㅎ ㄹ	답 할 례
⑬	ㅍ ㄷ	답 포 도
⑭	ㅌ ㅊ	답 태 초
⑮	ㅌ ㅇ	답 태 양

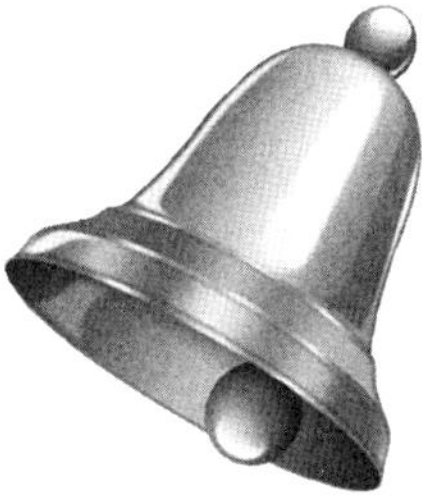

여호수아

문 제 성경 문제를 듣고 답을 선택하세요

1. 모세가 죽은 후 모세의 후계자로 이스라엘 백성을 인도할 자는 누구입니까? (1:10~11)

   ① 아론 ② **여호수아** ③ 유다 ④ 에브라임

2. 여호수아의 이름의 뜻이 무엇입니까?

   ① 사랑 ② 승리 ③ 자비 ④ **구원**

3. 여호수아가 모세의 후계자로써 사명을 받으니 하나님께서 무엇이라고 말씀하셨습니까? (1:6~9)

   ( )

4. 여호수아는 정탐꾼을 어디로 보내었습니까? (2:1)

   ① 아이 ② 길갈 ③ **여리고** ④ 가나안

5. 정탐들은 여리고 누구의 집에서 유숙하였습니가? (2:1)

   ① 주막 ② 룻 ③ **라합** ④ 다말

6. 요단을 건널 때 맨 앞에 간 것이 무엇입니까? (3:3)

① 여호수아 ② **언약궤(법궤)** ③ 제사장

7. 이스라엘 백성이 가나안에 들어가 여리고 평지에서 어떤 절기를 지켰습니까? (5:10)

① **유월절** ② 맥추절 ③ 수장절 ④ 오순절

8. 여호와께서 여호수아에게 여리고성을 어떻게 하라고 하셨습니까? (6:3~4)

성 주위를 매일 □ □ □ 돌 되 □ □ 동안을 그리하라

제사장 □ □ 은 일곱 양각 나팔을 잡고

□ □ □ 앞에서 나아갈 것이요

일곱째 날에는 그 성을 □ □ □ 돌며

그 제사장들은 □ □ 을 불 것이며

백성은 다 큰 □ □ 로 외쳐 부를 것이라

· 한 번씩 · 엿 새 · 일 곱 · 언약궤

· 일곱 번 · 나 팔 · 소 리

9. 여리고 성이 어느 때 무너졌습니까? (6:15, 20)

① **새벽** ② 아침 ③ 낮 ④ 밤

10. 여호와께서 이스라엘 자손들에게 왜 진노하셨습니까? (7:1)

① 불순종 ② 불신 ③ **바친 물건을 훔침**

11. 바친 물건을 훔친 사람은 누구입니까? (7:1)

① 고라 ② **삽디의 손자 갈미의 아들 아간** ③ 라함

12. 아간이 범죄한 증거는 어떻게 알아냈습니까? (7:18)

① 조사한 결과 ② **제비뽑음** ③ 소문을 듣고

13. 범죄한 아간을 어떻게 하였습니까? (7:24-26)

① 십자가에 못박아 ② **아골 골짜기에서 돌로쳐 죽임** ③ 감옥에 넣음

14. 여호와께서 사람의 목소리를 들으신 이 같은 날은 전에도 없었고 후에도 없었는데 이 일은 무슨 사건입니까? (10:13~14)

( )

15. 이스라엘 백성이 가나안 땅에 들이와 땅을 분배 받을 때 가장 먼저 받은 사람이 있었는데 누구인가? (14:6, 9)

① 여호수아 ② 그나스 ③ 옷니엘 ④ **갈렙**

16. 여호수아가 부지중에 살인한 자를 위하여 세워놓은 6개의 성읍의 이름이 무엇입니까? (20:1~9)

① 소알성 ② 여리고성 ③ 감람성 ④ **도피성**

17. 그러므로 너희는 크게 힘써 모세의 □ □ □ 에 기록된 것을 다 지켜 □ 하라 그것을 떠나 □ 로나 □ 로나 치우치지 말라 (23:6)

· **율법 책** · **행** · **우** · **좌**

18. 여호수아가 죽기 전 마지막으로 이스라엘 백성에게 유언 한 곳은 어디 입니까? (24:25)

① **세겜** ② 싯딤 ③ 실로 ④ 길갈

19. 여호수아는 몇 살에 죽었습니까? (24:30)

① **110 세** ② 120 세 ③ 100 세 ④ 130 세

20. 여호수아는 어디에 매장하였습니까? (24:30)

① 세겜 ② 헤브론 ③ **딤낫세라**

21. 요셉의 뼈를 매장한 곳은 가나안 어디입니까? (24:32)

① 길갈 ② 헤브론 ③ **세겜**

22. 여호수아는 이 모든 말씀을 어디에 기록하였습니까? (24:26)

① 돌에 새김 ② **하나님의 율법책** ③ 두루마리

23. 너희가 여호와를 버리고 이방신들을 섬기면 너희에게 복을 내리신후에 라도 돌이켜 어떻게 하실까요? (24:20)

( )

문 제	다음 물음에 맞는 것은 ○표 틀린 것은 ×표 하세요

1. 가나안을 정탐하러운 정탐꾼을 숨겨준 라합은 기생이 아니고 하나님을 믿는 사람이다. (수 2:1)

(○, ×) ⇒ ×

2. 라합은 정탐을 잡으러 온 사람들에게 거짓말을 하여 숨겼다. (2:4)

(○, ×) ⇒ ○

3. 백성들이 요단을 건널 때 법궤를 여호수아가 메고 건넜다. (3:14)

(○, ×) ⇒ ×

4. 언약궤를 맨 제사장들이 요단강을 건너 육지를 밟으니 갈라진 물이 다시 흘러 여전히 언덕에 넘쳤더라. (4:18)

(○, ×) ⇒ ○

5. 이스라엘 백성들이 가나안에 들어가서도 만나를 계속 먹었다. (5:12)

(○, ×) ⇒ ×

6. 이스라엘 백성들이 나팔소리를 듣는 동시에 공격을 하였더니 성벽이 무너졌더라. (6:20)

(○, ×) ⇒ ×

7. 물건을 취한 도적을 잡기 위해 제비를 뽑았더니 유다지파가 뽑혔고 -세라족속- 삽디 -삽디의 손자 갈미의 아들 아간이 뽑혔더라. (7:17~18)

(○, ×) ⇒ ○

8. 여호수아가 단창을 들어 아이를 가리키니 그 순간에 복병이 아이성을 점령하였더라. (8:18~19)

(○, ×) ⇒ ○

9. 기브온 거민들이 여호수아의 행한 일을 듣고 꾀를 내어 헤어진 옷을 입고 낡은 신을 신고 거짓말을 하였다. (9:3~6)

(○, ×) ⇒ ○

10. 태양이 머물고 달이 머물러 싸움에서 승리한 것은 여호수아의 기도의 능력이다. (10:13~14)

(○, ×) ⇒ ×

11. 도피성은 누구든지 출입할 수 있으며 죄를 범한 사람이 피하는 곳이다. (20:1~5)

(○, ×) ⇒ ×

12. 이스라엘 자손이 애굽에서 이끌어낸 요셉의 장지는 아버지 야곱이 산 땅이다. (24:32)

(○, ×) ⇒ ○

문 제	관계성이 있는 말에 줄로 연결하세요

1\. ① 소제 · ㄱ 감사
② 번제 · ㄴ 소금
③ 속건제 · ㄷ 성물
④ 화목제 · ㄹ 헌신
⑤ 속죄제 · ㅁ 속죄

답 ① - ㄴ , ② - ㄹ , ③ - ㄷ, ④ - ㄱ, ⑤ - ㅁ

2\. ① 아브라함 · ㄱ 벧엘
② 이삭 · ㄴ 애굽
③ 야곱 · ㄷ 갈대아 우르
④ 요셉 · ㄹ 르호봇

답 ① - ㄷ , ② - ㄹ , ③ - ㄱ , ④ - ㄴ

3\. ① 여호와 이레 · ㄱ 에스겔 · 가 주가 저곳에 거하심
② 여호와 닛시 · ㄴ 기드온 · 나 주께서 준비하여 주심
③ 여호와 샬롬 · ㄷ 모세 · 다 주는 평강이시다
④ 여호와 삼마 · ㄹ 아브라함 · 라 주는 나의 깃발

답 ① - ㄹ - 나 , ② - ㄷ - 라 , ③ - ㄴ - 다, ④ - ㄱ - 가

문 제	단어 꼬리 잇기 퀴즈 게임

★ 남 · 여 그룹 대항전 ★

남자 여자 각 3사람이 한 팀이 된다.

1. 성경에 나오는 사람 이름을 주고 받는다.

남 자		여 자				
고넬료	··▶	구레네시몬	··▶	나다나엘	··▶	나사로
니고데모	··▶	다비다	··▶	데마	··▶	유다
디모데	··▶	루디아	··▶	마가	··▶	마르다

계속...

2. 성경 구절을 남자팀이 암송하면 이어서 여자팀이 암송한다.

남 자 - 태초에 하나님이 천지를 창조하시니라.
여 자 - 복 있는 사람은 악인의 꾀를 좇지 아니하며
남 자 - 아브라함은 다윗의 자손 예수그리스도의 세계라
여 자 - 아들을 낳으리니 이름을 예수라

계속...

3. 단어 첫글자로 되어진 단어를 쓰시오. (5개 이상)

여 = 여호와, 여리고성, 여로보암, 여리고, 여인, 여자, 여종
호 = 호세아, 호렙, 호박, 호산나, 호사 , 호흡, 호소, 호색
수 = 수르광야, 수도물, 수금, 수레, 수리아, 수납, 수넴, 수고
아 = 아브라함, 아가, 아나니야, 아골, 아람, 아론, 아리마대

지도교사가 출제하여 계속한다. 많이 맞춘 팀이 승리한다.

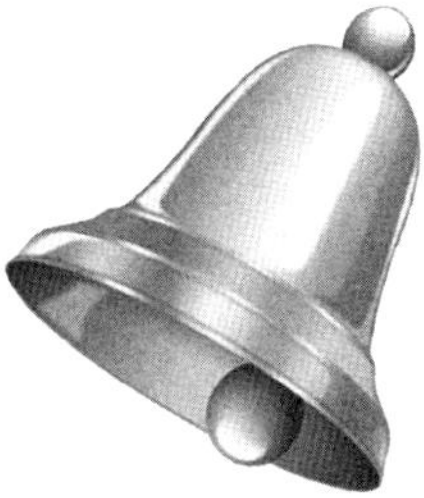

사사기

문 제	성경 문제를 듣고 답을 선택하세요

1. 여호수아가 죽은 후 누가 가나안 사람과 싸웠습니까? (1:1~2)
   ① **유다**　② 시므온　③ 요셉

2. 여호와의 종 눈의 아들 여호수아는 몇 살에 죽었습니까? (2:8)
   ① 100세　② **110세**　③ 120세

3. 이스라엘의 최초의 사사는 누구입니까? (3:9)
   ① 그나스　② **옷니엘**　③ 에훗

4. 이스라엘 사사 중에 유일한 여자 사사는 누구입니까? (4:4)
   ① 입다　② 아엘　③ **드보라**

5. 드보라가 사사된 후 이스라엘이 몇 년이나 태평하였습니까? (5:31)
   ① 20 년　② 30 년　③ **40 년**

6. 여호와 샬롬의 뜻은 무엇입니까? (6:24)
   ① **여호와는 평강이라**　② 자유한다　③ 기쁘다

7. 사사 중에 바알과 아세라 제단을 허물고 아세라 나무로 번제를 드린 사람은 누구입니까? (6:25~27)

① 에훗　② **기드온**　③ 아비멜렉

8. 기드온이 미디안군사와 대치할 때 여호와께서 기드온에게 무엇이라고 말씀하셨습니까? (7:2)

① 백성이 작다　② **백성이 너무 많다**　③ 하나님을 믿으라

9. 기드온이 미디안군사와 몇 명으로 싸웠습니까? (7:7)

① **300 명**　② 400 명　③ 500 명

10. 관계있는 낱말에 줄로 연결하세요. (7:19~20)

①	기드온과 300명	·	ㄱ	항아리에 횃불을 감추고
②	각 손에 나팔과 빈 항아리	·	ㄴ	외쳐 가로되 기드온의 칼이여
③	이 경초에 이른 즉	·	ㄷ	물을 핥아 먹는 사람

답 ① - ㄷ, ② - ㄱ, ③ - ㄴ

11. 이스라엘에는 나실인이 있는데 나실인은 어떤 사람입니까? (13:5)

① **하나님께 바치는 사람(헌신)**　② 봉사하는 사람　③ 믿는 사람

12. 나실인이 지켜야 할 것이 있습니다. 그것은 무엇입니까? (13:4~5)

포도주나 독주를? (　　　　　　　　　　　　　　)

부정한 것은? (　　　　　　　　　　　　　　)

머리에 삭도를? (　　　　　　　　　　　　　　)

① **마시지 말찌니**　② **먹지 말찌니**　③ **대지 말라**

13. 이스라엘 사사 중 나실인은 누구입니까? (13:5~7)

① 기드온 ② 사울 ③ **삼손**

14. 삼손이 여호와의 신에게 크게 감동되어 손에 아무것도 없어도 사자와 어떻게 싸웠습니까? (14:6)

① 주먹으로 싸웠다 ② 하나님이 힘을 주심 ③ **사자를 찢어 죽임**

15. 삼손이 나귀의 턱뼈로 몇 명을 죽였습니까? (15:15)

① 500 명 ② 800 명 ③ **1,000 명**

16. 블레셋 사람들이 삼손의 힘의 비결을 알려고 누구를 보내어 유혹 하였습니까? (16:4)

여자의 이름 ( )

17. 들릴라가 삼손에게 자기 무릎을 베고 자게 하고 사람을 불러 그의 □ □ □ 일곱 가닥을 □ □ 괴롭게 하여 본즉 그의 힘이 없어졌더라 (16:19)

· 머리털 **· 밀고**

18. 블레셋 사람들이 삼손을 잡아 어떻게 하였습니까? (16:21~22)

① **눈을 빼고 끌고** ② **맷돌을 돌리게 하였다**

19. 삼손이 죽을 때 어떻게 죽었습니까? (16:30)

( )

20. 삼손이 이스라엘 사사로써 몇 년을 치리하였습니까? (16:31)

① **20 년** ② 30 년 ③ 40 년

문 제	다음 물음에 맞는 것은 ○표 틀린 것은 ×표 하세요

1. 여호수아가 죽으니 이스라엘 사람들이 여호와를 더 잘 섬겼다. (삿 2:13)
(○, ×) ⇒ ×

2. 여호와께서 이스라엘 자손들이 부르짖으매 왼손잡이 에훗을 보내었다. (3:15)
(○, ×) ⇒ ○

3. 가나안의 군대장관 시스라를 말뚝에 박아 죽인 여인은 야엘이다. (4:21)
(○, ×) ⇒ ○

4. 기드온이 여호와를 위하여 단을 쌓고 이름을 여호와 닛시라고 하였다. (6:24)
(○, ×) ⇒ ×

5. 기드온이 미디안 군사와 싸워 이긴 군사의 수는 300명이 아니고 일만명이었더라. (7:7)
(○, ×) ⇒ ×

6. 기드온 군사가 왼손에 횃불을 들고 오른손에 나팔을 불며 외쳤다. (7:20)
(○, ×) ⇒ ○

7. 기생의 아들로서 이스라엘의 사사가 된 사람은 입다이다. (11:1)
(○, ×) ⇒ ○

8. 삼손을 잡으려던 사람은 로마 군사들이다. (16:21)
(○, ×) ⇒ ×

문 제 관계성이 있는 말에 줄로 연결하세요

① 노아 ·	ㄱ	969 세
② 아담 ·	ㄴ	962 세
③ 므두셀라 ·	ㄷ	950 세
④ 셋 ·	ㄹ	930 세
⑤ 라멕 ·	ㅁ	912 세
⑥ 에노스 ·	ㅂ	910 세
⑦ 야렛 ·	ㅅ	905 세
⑧ 계난 ·	ㅇ	830 세
⑨ 마할랄렐 ·	ㅈ	777 세

답 ① - ㄷ, ② - ㄹ, ③ - ㄱ, ④ - ㅁ, ⑤ - ㅈ, ⑥ - ㅅ
⑦ - ㄴ, ⑧ - ㅂ, ⑨ - ㅇ

문 제 이스라엘과 유다 왕의 이름의 뜻이 무엇인가?

① 여로보암 ·	ㄱ	여호와께서 구원하신다
② 아합 ·	ㄴ	위로자
③ 예후 ·	ㄷ	아버지의 형제
④ 므나헴 ·	ㄹ	백성이 번성함
⑤ 호세아 ·	ㅁ	하나님의 심판 도구
⑥ 르호보암 ·	ㅂ	여호와는 위대 하시다
⑦ 여호사밧 ·	ㅅ	여호와는 나의 힘이다
⑧ 여호야김 ·	ㅇ	여호와께서 심판 하신다
⑨ 웃시야 ·	ㅈ	여호와께서 일으키신다
⑩ 아달랴 ·	ㅊ	백성이 많아진다

답 ① - ㄹ, ② - ㄷ, ③ - ㅁ, ④ - ㄴ, ⑤ - ㄱ, ⑥ - ㅊ
⑦ - ㅇ, ⑧ - ㅅ, ⑨ - ㅈ, ⑩ - ㅂ

문 제	문답식 퀴즈 게임

★ 남 · 여 그룹 대항전 ★

남자 여자 각 3사람이 한 팀이 된다.

사회자가 문제를 읽으면 남 여 대표는 손을 들고 문제를 대답한다.
틀리면 상대편에서 대답한다.

문 1. 하나님께서 여섯째날 사람을 만드시고 너무 좋으셔서 무엇이라고 말씀하셨습니까? **·심히 좋았더라.**

답 : 창 1:31 (사회자가 답을 읽어준다)

문 2. 하나님이 흙으로 사람을 만드시고 코에 무엇을 불어 넣었을까요? **·생기를 코에 불어 넣었다.**

답 : 창 2:7 (사회자가 답을 읽어준다)

문 3. 하나님께서 에덴동산을 만드시고 동산 가운데 무슨 나무를 만드셨습니까? **·생명나무(선악과)나무를 만드셨다.**

답 : 창 2:9 (사회자가 답을 읽어준다)

문 4. 하나님께서 남자 아담을 흙으로 만드셨는데 여자 하와는 무엇으로 만들었습니까? **·아담의 갈빗대로 만드셨다.**

답 : 창 2:21~22 (사회자가 답을 읽어준다)

문 5. 하나님께서 각종 짐승을 만드셨는데 그 중에서 어떤 짐승이 가장 간교합니까? **·뱀이 가장 간교하다.**

답 : 창 3:1 (사회자가 답을 읽어준다)

문 6. 아담과 하와는 범죄 후에 왜 나무 잎으로 옷을 만들어 입었습니까?
·몸이 벗은 줄로 알므로

답 : 창 3:7 (사회자가 답을 읽어준다)

문 7. 아담이 처음 낳은 두 아들의 이름은 무엇이며 무엇을 하였습니까?
·가인은 농사를 짓고 아벨은 양을 침.

답 : 창 4:2 (사회자가 답을 읽어준다)

문 8. 에녹은 하나님과 몇년 동안 동행하였습니까?
·300년간 동행

답 : 창 5:22 (사회자가 답을 읽어준다)

문 9. 노아의 세 아들의 이름은 누구 누구일까요?
·셈과 함과 야벳

답 : 창 5:32 (사회자가 답을 읽어준다)

문 10. 방주는 누구를 위하여 만들었으며 무슨 나무로 만들었습니까?
·너를 위하여 만들며 잣나무로 만들었음.

답 : 창 6:14 (사회자가 답을 읽어준다)

문 11. 40일간 비가와 온 천지는 홍수로 물바다가 되었는데 그 물이 땅위에 몇일이나 있었습니까? **·150일 있었음.**

답 : 창 7:24 (사회자가 답을 읽어준다)

문 12. 노아 홍수 후에 심음과 거둠과 여름과 겨울이 있었습니다. 이것은 무엇을 말할까요? **·4계절 춘, 하, 추, 동, 자연의 법칙을 말함.**

답 : 창 8:22 (사회자가 답을 읽어준다)

문 13. 하나님은 여러 동물을 만드셨는데 무엇 때문에 만드셨을까요? **·사람에게 먹거리로 주셨음.**

답 : 창 9:3 (사회자가 답을 읽어준다)

문 14. 하나님은 아브라함에게 내가 너로 큰 민족을 이루고 무슨 근원이 되라고 하였습니까? **·복의 근원**

답 : 창 12:2 (사회자가 답을 읽어준다)

▶ 문제를 만들어 계속.....

*시간을 정해 놓고 정확하게 많이 맞춘 팀이 승리한다.

룻기

문 제	성경 문제를 듣고 답을 선택하세요

1. 엘리멜렉은 아내와 두 아들이 있는데 그 이름은 무엇일까요? (1:2)
   · **아내의 이름** = (   )
   · **두 아들의 이름** = (   ) (   )

2. 룻이란 사람은 누구입니까? (1:2)
   ① 가나안 여인 ② 베들레헴 여인 ③ **모압여인**

3. 엘리멜렉과 나오미와 두 아들은 베들레헴을 떠나지 말아야 할 사람들이 베들레헴을 떠나 모압 땅으로 간 이유는 무엇입니까? (1:1)
   ① 잘 살기 위하여 ② 폭군 때문에 ③ **베들레헴에 흉년이 들이서**

4. 나오미가 베들레헴에 돌아오면서 나를 나오미라 칭하지 말고 무엇이라고 칭하였습니까? (1:20)
   ① **마라** ② 불효자 ③ 불순종자

5. 룻은 누구의 밭에서 이삭을 주웠습니까? (2:3)
   (   )

6. 보아스가 룻에게 이르되 내 딸아 들으라 이삭을 주우러 □ □ 밭으로 가지 말며 여기서 □ □ □ 말고 나의 소녀들과 함께 있으라 (2:8)

· **다 른** · **떠나지**

7. 관계 있는 낱말에 줄로 연결 하세요. (2:15~20)

① 보아스가 명하여 가로되 ·	ㄱ 그로 줍게하고 꾸짖지 말라
② 그를 위하여 조금씩 뽑아 · 버려서	ㄴ 우리 기업을 무를자 중 하나 이니라
③ 그 사람은 우리의 근족 · 이니	ㄷ 그로 곡식 단 사이에서 줍게 하고

답 ① - ㄷ, ② - ㄱ, ③ - ㄴ

8. 나오미는 룻에게 안식할 곳을 구하여 복되게 하기 위하여 어떻게 하라고 하였습니까? (3:3)

① 너는 □ □ 을 하고 ② □ □ 을 바르고

③ □ □ 을 입고 ④ 타작 □ □ 에 내려가서

① **목욕** ② **기름** ③ **의복** ④ **마당**

9. 룻이 보아스의 타작 마당에 가서 보아스의 발치에 눕고 옷자락으로 덮어 달라고 한 이유는 무엇입니까? (3:6~9)

① 친교하기 위해서 ② **기업을 무를 자 이므로** ③ 추워서

10. 보아스는 룻에게 보리를 얼마나 주었습니까? (3:15)

① 3번 ② 5번 ③ **6번**

11. 보아스는 룻에게 시어머니에게 갈때에 어떻게 하라고 하였습니까? (3:17)

① **빈손으로 가지말라** ② 즐거운 얼굴로 ③ 피곤한 모습으로

12. 보아스와 룻은 어떠한 관계를 맺게 되었습니까? (4:13)

① 친구가 되었다 ② **가정을 이뤘다** ③ 은인이 되었다

13. 룻이 낳은 아들의 이름은 무엇입니까? (4:17)

① **오벳** ② 이새 ③ 다윗

14. 나오미는 룻에게 너는 노년의 봉양자라 하며 무엇이라고 칭찬하였습니까? (4:15)

( )

15. 룻의 남편인 보아스와 다윗과의 관계는 어떠한 관계입니까? (4:21~22)

① 고조부 ② 아버지 ③ **증조부** ④ 할아버지

문 제	다음 물음에 맞는 것은 ○표 틀린 것은 ×표 하세요

1. 나오미는 남편과 두아들을 데리고 돈벌기 위해 베들레헴으로 갔다. (룻 1:1)

(○, ×) ⇒ ×

2. 나오미는 두 아들이 죽자 며느리들에게 너희 길을 가라고 하였을 때 두 며느리는 자기 친정과 고향으로 돌아갔다. (1:14)

(○, ×) ⇒ ×

3. 룻은 나오미를 떠나지 아니하고 어머니께서 가시는 곳에 나도 가고 어머니께서 유숙하시는 곳에서 나도 유숙하겠나이다. (1:16)

(○, ×) ⇒ ○

4. 룻은 보아스가 청하므로 보아스의 밭에 이삭을 주으려고 갔다. (2:3)

(○, ×) ⇒ ×

5. 룻은 보아스를 만나 사랑하므로 연애하였다. (2:11)

(○, ×) ⇒ ×

6. 보아스는 룻에게 선심을 베풀었으며 후하게 대우하였다. (2:14~16)

(○, ×) ⇒ ○

7. 보아스와 나오미는 처음 만난 사람이며 남남이였다. (2:20)

(○, ×) ⇒ ×

8. 룻은 나오미와 강제 결혼을 하려고 하였다. (2:10~13)

(○, ×) ⇒ ×

9. 보아스는 나오미에게 효심을 베풀었다. (3:17)

(○, ×) ⇒ ○

10. 보아스와 룻의 결혼은 사람의 뜻이 아니요 하나님이 맺어주신 부부이다. (4:14~17)

(○, ×) ⇒ ○

문 제	성경을 바르게 읽고 빨리 읽는 퀴즈 게임

★ 남 · 여 그룹 대항전 ★

남 · 여 대표 각 3명 출전

* 이 퀴즈게임은 성경을 정확하게 정독하는 것을 가르치기 위한 것입니다. 계시록 1:3절에 보면 이 예언의 말씀을 읽는자와 듣는자들과 그 가운데 기록한 것을 지키는 자들이 복이 있다고 말씀하셨습니다. 성경 한자 한자를 정확하게 빠르게 정독해야 한다.

▩ 남자 그룹

1. 룻기 1장 1절에서 14절까지 바르게 빨리 읽는다.
   * 틀리면 실격, 다음 사람이 읽는다.
   * 정확한 발음, 시간을 본다.

시 - 작 .... 끝나면 여자 그룹이 한다.

□ 여자 그룹

2. 룻기 2장 1절에서 14절까지 바르게 빨리 읽는다.
   * 틀리면 실격, 다음 사람이 읽는다.
   * 정확한 발음, 시간을 본다.

시 - 작 ....

* 정확하게 빨리 읽는 그룹이 승리한다.

문 제	한글 자음을 보고 단어를 알아 맞춘다

예 : ㄱ ㅇ 답 : 기 업

① ㄹ ㄱ 답 룻 기

② ㅅ ㅈ 답 사 자

③ ㅁ ㅇ 답 모 압

④ ㅁ ㄹ 답 말 론

⑤ ㅇ ㄹ ㅂ 답 오르바

⑥ ㄴ ㅇ ㅁ 답 나오미

⑦ ㅂ ㅇ ㅅ 답 보아스

⑧ ㅂ ㄹ 답 보 리

⑨ ㄱ ㅈ 답 근 족

⑩ ㅁ ㅇ 답 목 욕

⑪ ㅂ ㅅ 답 빈 손

⑫ ㅅ ㅁ 답 시 모

⑬ ㅇ ㄹ ㅁ ㄹ 답 엘리멜렉

⑭ ㅇ ㅁ 답 유 명

⑮ ㅇ ㅂ 답 오 벳

문 제　　롯의 가정 족보 만들기

롯의 가정의 족보를 보기에서 이름을 찾아 쓰고 족보를 만든다

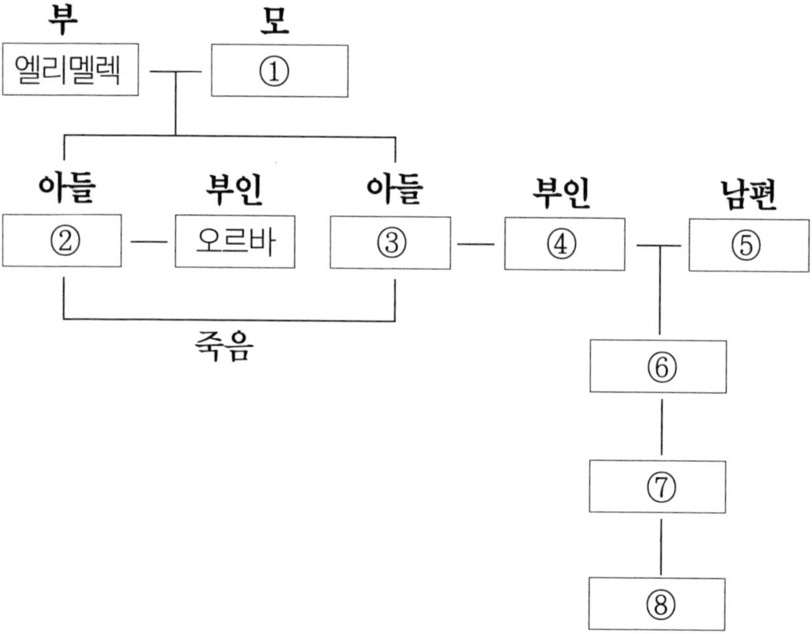

① 나오미,　② 말론,　③ 기론,　④ 룻,　⑤ 보아스,
⑥ 오벳,　⑦ 이새,　⑧ 다윗

사무엘상

문 제 성경 문제를 듣고 답을 선택하세요

1. 엘가나는 두 아내가 있으니 누구와 누구입니까? (1:2)
( ) ( )

2. 한나는 여호와께 기도하고 통곡하며 서원한 이유는 무엇입니까? (1:10)
① 시기하는 마음으로 ② 부인끼리 싸우므로 ③ **아들을 낳기 위해**

3. 한나가 낳은 아들은 누구입니까? (1:20)
① 홉니 ② **사무엘** ③ 비스하스

4. 엘리에게는 두 아들이 있는데 그들의 행실은 어떠하였습니까? (2:12)
① 하나님을 잘 섬김 ② **행실이 나쁨** ③ 효자

5. 하나님께서 사무엘을 몇 번 부르셨습니까? (3:10)
① 1번 ② 2번 ③ 3번 ④ **4번**

6. 엘리는 법궤를 빼앗겼다는 소식을 듣고 어떻게 죽었습니까? (4:17~18)
① 심장마비로 ② **목이 부러져** ③ 급사 하였다

7. 블레셋 사람들이 법궤를 보내기 위해 무슨 일을 하였습니까? (6:7)

새 □ □ 를 하나 만들고

멍에를 메어 보지 아니한 □ 나는 □ 두 마리를 끌어다가

소에 수레를 □ □ □

· 수레 · 젖 · 소 · 메우고

8. 너희들이 여호와께 돌아오려거든 무엇을 버리라고 하였습니까? (7:3)

① 돌부처 ② **아스다롯**

③ 바알신 ④ 불상

9. 사무엘은 이스라엘 백성들에게 미스바로 모이라고 하였는데 무엇을 하기 위한 것일까요? (7:5~6)

( )

10. 기스에게 아들이 있으니 그의 이름은 □ □ 이요 준수한 소년이라 이스라엘 자손 중에 그보다 더 준수한 자가 없고 □ 는 모든 백성보다 □ □ 위 만큼 더 컸더라 (9:2)

· 사울 · 키 · 어깨

11. 나는 너희를 위하여 기도하기를 □ 는 죄를 여호와 앞에 □ □ □ 범하지 아니하고 선하고 □ □ □ 길을 너희에게 가르칠 것인즉 (12:23)

· 쉬 · 결단코 · 의로운

12. 하나님께서 지도자를 삼으실 때 어떤 사람을 선택하셨습니까? (13:14)

① 의로운 사람 ② 순종하는 사람 ③ **마음에 맞는 사람**

13. 관계 있는 것에 줄로 연결하세요.

① 사무엘 ·	ㄱ	준수한 소년
② 엘리 ·	ㄴ	아비엘
③ 미스바 ·	ㄷ	다곤
④ 엘가나 ·	ㄹ	길보아산
⑤ 에벤에셀 ·	ㅁ	홉니와 비느하스
⑥ 기스 ·	ㅂ	너희를 위하여 기도하리라
⑦ 사울 ·	ㅅ	젖나는 소
⑧ 벧세메스 ·	ㅇ	우리를 도우셨다
⑨ 아스돗 ·	ㅈ	한나
⑩ 요나단 ·	ㅊ	에브라임

답 ① - ㅈ, ② - ㅁ, ③ - ㅊ, ④ - ㅇ, ⑤ - ㅂ,
⑥ - ㄴ, ⑦ - ㄱ, ⑧ - ㅅ, ⑨ - ㄷ, ⑩ - ㄹ

14. 사무엘이 사울에게 이르되 여호와께서 나를 보내어 왕에게 기름을 부어 이스라엘 위에 왕을 삼으셨은즉 왕은 어떻게 하라고 하였습니까? (15:1)

① 담대하게 하소서　　② 의롭게 하소서
③ **여호와의 말씀을 들으소서**　　④ 새롭게 하소서

15. 여호와께서 사울을 세워 왕 삼은 것을 후회하신 이유는? (15:11)

① **명령을 행하지 아니해서**　　② 욕심이 많아서
③ 재물이 많아서　　④ 결단력이 없어서

16. 순종이 (　　　) 보다 낫고 듣는 것이 (　　　) 보다 나으니 (15:22)

· **제사**　　· **숫양의 기름**

17. 여호와께서 사무엘에게 사울을 어떻게 하였다고 하셨습니까? (16:1)

① 용서하였다 ② 책망하였다 ③ **왕이 되지 못하게 하였다**

18. 사무엘이 이새의 막내 아들을 보니 어떤 사람이었습니까? (16:12)

□ 이 붉고 눈이 □ □ 나고 얼굴이 □ □ 답더라.

· **빛** · **빼어** · **아름**

20. 다윗이 골리앗과 싸울 때 무엇이라고 하며 싸웠습니까? (17:45)

너는 칼과 (①) 과 (②) 으로 내게 나아 오거니와 나는 만군의 (③) 의 이름 곧 네가 모욕하는 이스라엘 군대의 (④) 의 이름으로 네게 나아가노라

① **창** ② **단창** ③ **여호와** ④ **하나님**

21. 다윗이 싸움에서 승리하고 돌아올 때 사람들이 무엇이라고 환영하였습니까? (18:7)

사울의 죽인자는 □ □ 이요 다윗은 □ □ 이로다

· **천천** · **만만**

22. 사울과 다윗은 어떠한 관계입니까? (18:27)

① **사위** ② 친구 ③ 형제 ④ 아들

23. 다윗이 사울을 두려워하여 가드왕 누구의 집으로 도망하였습니까? (21:10)

① 미갈 ② **아기스** ③ 아비가일

24. 다윗은 누구를 두려워하여 미친척 하였습니까? (21:12~13)

① **가드 왕 아기스** ② 모압 ③ 아드람

25. 다윗이 사울을 죽일 기회를 처음 얻은 곳은 어디입니까? (24:1)

( )

26. 사울이 다윗을 잡으려고 몇 명의 군사를 거느리고 왔습니까? (24:2)

① 500 명 ② 1,000 명 ③ **3,000 명**

27. 다윗이 사울을 죽일 수 있는 기회는 언제였습니까? (26:8-9)

( )

28. 사울이 블레셋 군사와 싸우다가 죽은 곳은 어디입니까? (31:1)

① **길보아 산** ② 비스가스 산 ③ 그리심 산

29. 다음의 ( )안에 맞는 이름을 보기에서 찾아 쓰세요.

· 사무엘의 아버지	( )	⑧	(삼상 1:1)
· 사울의 딸	( )	①	(삼상 14:19)
· 엘리의 아들	( )	②	(삼상 4:11)
· 사울의 아들	( )	③	(삼상 14:1)
· 블레셋의 신	( )	⑨	(삼상 5:2-3)
· 블레셋의 군대장군	( )	④	(삼상 17:4)
· 사울의 아내	( )	⑥	(삼상 14:48)
· 다윗의 친구	( )	③	(삼상 18:1)

답 ①미갈, ②홉니, ③요나단, ④골리앗, ⑤아브넬
⑥아히노암, ⑦기스, ⑧엘가나, ⑨다곤, ⑩다윗

문 제	다음 물음에 맞는 것은 ○표 틀린 것은 ×표 하세요

1. 사무엘이란 뜻은 내가 여호와께 그를 구하였다는 뜻이다. (삼상1:20)
(○, ×) ⇒ ○

2. 엘리의 아들들은 하나님을 잘 섬겼더라. (2:12)
(○, ×) ⇒ ×

3. 사무엘은 귀가 어두워서 하나님의 음성을 듣지 못하였다. (3:10)
(○, ×) ⇒ ×

4. 이스라엘은 전쟁에 패하여 하나님의 궤를 빼앗기고 엘리의 두 아들도 죽임을 당했다. (4:10~11) (○, ×) ⇒ ○

5. 하나님의 궤를 다곤의 곁에 두었더니 다곤이 엎드려져 머리와 두 손이 끊어졌더라. (5:4) (○, ×) ⇒ ○

6. 블레셋 사람들이 여호와의 궤를 잘 모시기 위해 속건제를 드렸더라. (6:3)
(○, ×) ⇒ ×

7. 이스라엘 백성들이 미스바에 모인 것은 이방신을 섬긴 것을 회개하기 위한 것이다. (7:6) (○, ×) ⇒ ○

8. 기스의 아들 사울은 어릴때부터 악한 사람이었습니다. (9:2)
(○, ×) ⇒ ×

9. 여호와께서 사울을 왕 삼은 것을 후회하였다. (15:10~11)
(○, ×) ⇒ ○

사무엘하

문 제	성경 문제를 듣고 답을 선택하세요

1. 다윗이 사울과 요나단이 죽은 소식을 듣고 어떻게 애통하였습니까? (1:11~12)

   ① **옷을 찢고 울며 금식하다**   ② 애통하였다   ③ 눈물을 흘렸다

2. 사울의 집과 다윗의 집 사이에 전쟁을 오래하므로 다윗의 집은 어떠하며 사울의 집은 어떠하였습니까? (3:1)

   다윗은 점점 □ 하여지고 사울의 집은 점점 □ 하여 가노라

   · 강   **· 약**

3. 요나단에게 절뚝발이 아들이 있으니 그 이름은 누구입니까? (4:4)

   ① **므비보셋**   ② 이스보셋   ③ 레갑

4. 다윗이 왕 위에 오른 나이와 다스린 년 수는 얼마인가? (5:4)

   ① 33세 - 40년 ② 20세 - 50년   ③ **30세 - 40년** ④ 40세 - 30년

5. 여호와의 궤가 가드 사람 (   ) 의 집에 (   ) 을 있었는데 여호와께서 오벧에돔과 그의 온 집에 (   ) 을 주시니라 (6:11)

   · 오벧에돔   **· 석 달**   **· 복**

6. 다윗이 어디를 가든지 여호와께서 어떻게 하셨습니까? (8:6, 14)

① 평안하게 하였다　② 지켜 주셨다　③ **이기게 하였다**

7. 다윗 왕은 식사를 할때에 항상 같이 밥을 먹는 사람은 누구입니까? (9:13)

① 미가　② 시바　③ **므비보셋**　④ 사무엘

8. 다윗이 우리아의 아내 밧세바와 음란죄를 범한 동기가 무엇입니까? (11:2)

(　　　　　　　　　　　　　　　　　　　　　　　　)

9. 다윗은 밧세바와 범죄하고 그 남편인 우리아를 어떻게 하였습니까? (11:15)

(　　　　　　　　　　　　　　　　　　　　　　　　)

10. 다윗은 밧세바를 아내로 맞이하여 낳은 아들은 누구입니까? (12:24)

① 압살롬　② 암논　③ **솔로몬**　④ 아도니야

11. 압살롬이 다윗을 배신한 후 다윗은 어떻게 하였습니까? (13:37)

① 화를 내었다　② 기도하였다　③ **슬퍼하였다**

12. 압살롬이 노새를 탔는데 그 노새가 큰 상수리나무 번성한 가지 아래로 지날 때에 압살롬의 □ □ 가 그 상수리나무에 □ □ □ 그가 □ □ 과 그 땅 사이에 달리고 그가 탔던 노새는 그 아래로 빠져나간지라 (18:9)

· 머 리　**· 걸리매**　**· 공 중**

13. 압살롬이 죽으니 다윗은 마음이 아파 어떤 말을 하였나요? (18:33)

(　　　　　　　　　　　　　　　　　　　　　　　　)

14. 다윗 시대에 3년 동안 흉년이 든 원인이 무엇입니까? (21:1)

① **사울이 기브온 사람을 죽인죄** ② 요나단을 죽인 죄

③ 다윗이 범죄한 죄 ④ 압살롬이 반역한 죄

15. 여호와께서 다윗을 모든 대적에서 구원하시고 그날에 다음과 같은 노래를 불렀습니다. 빈 칸을 채워 부르시오. (22:2~3)

여호와는 나의 □ 석이시요 나의 요□ 시요 나를 위하여

나를 □ □ 시는 자시요 내가 피할 나의 □ □ 의 하나님이시요

나의 □ 패시요 나의 □ 원의 뿔이시요 나의 높은 □ 대시요

그에게 피할 나의 피□ 처시요 나의 구□ 자시라

나를 □ □ 에서 구원하셨도다

· 반 · 새 · 건지 · 반석 · 방 · 구

· 망 · 난 · 원 · 폭력

16. 다음의 ( ) 에 알맞은 이름을 찾아 쓰세요.

① 사울의 아들	(삼하 1:17)	( )
② 아사헬을	(삼하 2:32)	( )
③ 다윗의 맏아들	(삼하 3:2)	( )
④ 요나단에게 절뚝발이 아들	(삼하 4:4)	( )
⑤ 여호와의 궤를	(삼하 6:11)	( )
⑥ 여호야다의 아들	(삼하 8:18)	( )

답 ① 요나단 ② 베들레헴에 있는 그 아비 묘에 장사 ③ 암논
④ 므비보셋 ⑤ 오벧에돔의 집에 석달을 보관 ⑥ 브나야

문 제	다음 물음에 맞는 것은 ○표 틀린 것은 ×표 하세요

1. 다윗은 요나단의 아들 므비보셋에게 은총을 베풀었다. (삼하 9:7)
(○, ×) ⇒ ○

2. 다윗과 우리아의 관계는 원수와 같은 대적이었다. (11:11)
(○, ×) ⇒ ×

3. 다윗은 우리아가 죽으니 그 부인을 자기의 처로 삼았다. (11:27)
(○, ×) ⇒ ○

4. 다윗의 죄 값으로 난 불의한 아들이 이레만에 죽었다. (12:16~18)
(○, ×) ⇒ ○

5. 하나님께서 웃사의 잘못함을 인하여 진노 하였으나 용서하셨다. (6:7)
(○, ×) ⇒ ×

6. 궤가 다윗성으로 돌아올 때 다윗 왕은 기뻐하며 춤을 추었다. (6:17)
(○, ×) ⇒ ○

7. 다윗이 성전을 짓고자 할때에 하나님께서 허락을 하셨다. (7:1~3)
(○, ×) ⇒ ×

8. 다윗은 제사장이 드려야 할 제사를 자기가 드렸다. (11:2~17)
(○, ×) ⇒ ×

9. 나단 선지는 다윗왕을 책망할 때 가난한자의 비유로 말하였다. (12:1~6)
(○, ×) ⇒ ○

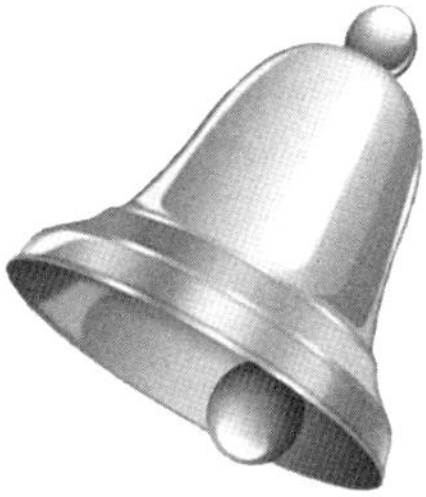

열왕기상

문 제	성경 문제를 듣고 답을 선택하세요

1. 다윗 왕이 늙어 왕을 모시는 젊은 처녀는 누구입니까? (왕상 1:3)
   ① 마리아　② **아비삭**　③ 아름다운 미녀

2. 다윗의 왕위를 차지하려고 모의한 사람은 누구입니까? (1:5)
   ① 압살롬　② 솔로몬　③ **아도니야**

3. 다윗 왕이 솔로몬에게 유언한 3가지는 무엇입니까? (2:1~3)
   ① **여호와의 명을 지키라**　② **그 길로 행하고**
   ③ **모세의 율법에 기록한 것을 지키라**

4. 다윗 왕이 왕위에 올라 몇 년을 치리하였습니까? (2:11)
   ① 30 년　② **40 년**　③ 50 년

5. 솔로몬이 여호와를 □ □ 하고 그의 아버지 다윗의 □ □ 를 행하였으나 산당에서 제사하며 분향하더라 (3:3)
   · 사 랑　**· 법 도**

6. 솔로몬이 왕 위에 올라 제일 먼저 한 일이 무엇입니까? (3:4)

① 제사　② 기도와 감사　③ **일천 번제**

7. 솔로몬이 일천번제를 드리며 하나님께 무엇을 기도하였습니까? (3:11~13)

(　　　　　　　　　　　　　　　　　　　　　　　　　　　　)

8. 솔로몬이 잠언을 얼마나 말하였을까요? (4:31~32)

① 일 천 잠언　② 이 천 잠언　③ **삼 천 잠언**

9. 솔로몬은 하나님께 기도하기를 내 부친 다윗이 하지 못한 일을 하겠으니 허락해 달라고 기도하였습니다. 그것은 무엇일까요? (5:4~5)

① 탁월한 정치　② 백성의 편안　③ **성전 건축**

10. 솔로몬이 왕 위에 올라 몇 년만에 성전 건축을 시작하였습니까? (6:1)

① **4 년**　② 7 년　③ 10 년

11. 솔로몬이 성전을 몇 년만에 완공하였으며 왕궁은 몇 년을 건축하였습니까? (6:31~7:1)

성전 건축 = ① **7 년**　② 10 년　③ 12 년(6:38)

왕궁 건축 = ① 10 년　② **13 년**　③ 15 년(7:1)

12. 솔로몬 성전에는 두 기둥이 있습니다. 이름은 무엇입니까? (7:21)

이 두 기둥을 성전의 주랑 앞에 세우되 오른쪽 기둥을 세우고 그 이름을 □ □ 이라 하고 왼쪽의 기둥을 세우고 그 이름을 □ □ □ 라 하였으며

· 야 긴　　　　**· 보 아 스**

13. 하나님께서 성전 건축을 기뻐하시며 네가 순종하고 계명과 법도를 지키면 무슨 복을 주시겠다고 하셨습니까? (9:5)

이스라엘의 □ □ 에 오를 사람이 네게서 □ □ □ □ 아니하리라

· 왕 위 **· 끊어지지**

14. 스바 여왕은 솔로몬이 지혜의 왕이란 소문을 듣고 찾아왔습니다. 무엇 때문에 찾아왔을까요? (10:1)

① 너무나 신기하여 ② 경위를 알기 위하여 ③ **저를 시험하고자**

15. 솔로몬왕이 마시는 그릇은 무엇으로 만들어 졌을까요? (10:21)

① 동 ② 은 ③ **금**

16. 솔로몬에 해당되는 것에 ○ 표 하세요. (11:1~13)

① ( ) 후궁이 칠백 인

② ( ) 첩이 오백 명

③ ( ) 여호와의 눈 앞에서 악을 행함

④ ( ) 여호와의 명령을 불순종

⑤ ( ) 시돈 사람의 여신 아스다롯을 섬김

⑥ ( ) 암몬 사람의 가증한 밀곰을 불신

⑦ ( ) 그모스를 위하여 산당을 지었음

⑧ ( ) 하나님께서 아무 말씀도 없으시다

답 ①, ③, ④, ⑤, ⑦

17. 솔로몬 왕이 죽자 누가 왕위에 올랐습니까? (11:43)

① **르호보암**   ② 여로보암   ③ 아히야

18. 아합이 왕에 오르자 누구를 아내로 삼았습니까? (16:31)

시돈 사람의 왕 엣바알의 딸 □ □ □ 을 아내로 삼고 가서 □ □ 을 섬겨 예배하고

· 이 세 벨   **· 바 알**

19. 관계 있는 낱말에 줄로 연결하세요. (17:1~24)

① 요단 앞(3)	·	ㄱ 가루와 기름이 마르지 아니함
② 까마귀(6)	·	ㄴ 여호와께 부르짖어
③ 엘리야 대접(9)	·	ㄷ 살아 난지라
④ 비를 지면에 내리는 날까지(14)	·	ㄹ 그리 시냇가에 숨고
⑤ 여인의 아들이 병들어 죽음(17)	·	ㅁ 떡과 고기를 가져왔고
⑥ 아이의 혼이 몸에 돌아오고(22)	·	ㅂ 사르밧 과부

답 ① - ㄹ,   ② - ㅁ,   ③ - ㅂ,
④ - ㄱ,   ⑤ - ㄴ,   ⑥ - ㄷ

20. 엘리야가 갈멜산에서 싸운 신들은 어떤 신입니까? (18:19)

온 이스라엘과 이세벨의 상에서 먹는 □ □ 의 선지자 사백오십 명과 □ □ □ 의 선지자 사백 명을 갈멜 산으로 모아 내 게로 나아오게 하소서

· 바 알   **· 아 세 라**

21. 엘리야가 어디에 앉아 죽기를 구하였습니까? (19:4)

① **로뎀나무 아래**　② 무화과 나무 아래　③ 포도나무 아래

22. 나봇의 포도원을 빼앗기 위하여 이세벨은 나봇을 어떻게 하였습니까? (21:14)

① 감옥에 가둠　② **돌로 쳐서 죽임**　③ 강제로 빼앗음

23. 아합왕은 종말에 어떤 왕이란 평을 받았습니까? (22:1~53)

① 선한 왕　② **악한 왕**　③ 충성한 왕

문 제	다음 물음에 맞는 것은 ○표 틀린 것은 ×표 하세요

1. 아비삭은 다윗왕의 후궁이 아니고 봉양하는 처녀이다. (왕상 1:3)
(○, ×) ⇒ ○

2. 다윗은 죽을날이 임박하매 유언을 하였다. 이 말씀을 지키면 어디로 가든지 형통할찌라. (2:3) (○, ×) ⇒ ○

3. 솔로몬이 기브온에서 기도한 것이 하나님의 마음에 맞지 아니하였다. (3:10) (○, ×) ⇒ ×

4. 솔로몬의 세입금은 666금 달란트이다. (10:14)
(○, ×) ⇒ ○

5. 솔로몬왕의 지혜는 천하열왕과 같다. (10:23)
(○, ×) ⇒ ×

6. 솔로몬 왕이 죄를 범하므로 여호와께서 두 번이나 나타나셨다. (11:9)
(○, ×) ⇒ ○

7. 아합왕은 그전의 모든 왕보다 악을 적게 행하였다. (16:30)
(○, ×) ⇒ ×

8. 엘리야는 죽은 수넴여인의 아들을 기도하여 살렸다. (17:22)
(○, ×) ⇒ ○

9. 갈멜산에서 엘리야는 바알 선지자들과 대결에서 패하였다. (18:37~40)
(○, ×) ⇒ ×

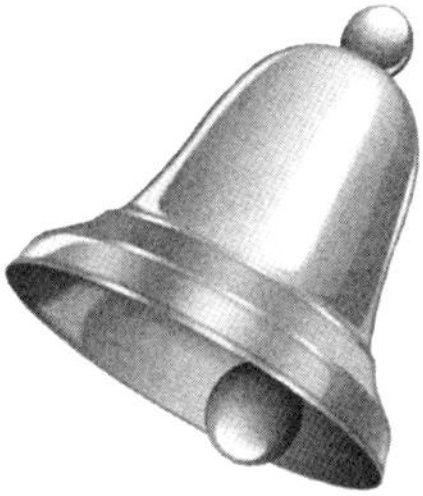

열왕기하

문 제 성경 문제를 듣고 답을 선택하세요

1. 사마리아에 있는 다락 난간에서 떨어져 병들어 죽은 임금은 누구입니까? (왕하 1:2)

   ① **아하시야** ② 여로보암 ③ 아합

2. 엘리야를 떠나지 아니하고 끝까지 따라간 제자는 누구일까요? (2:2)

   ① **엘리사** ② 오십부장 ② 여호사밧

3. 엘리사는 스승인 엘리야에게 무엇을 구하였습니까? (2:9)

   당신의 □ □ 이 하시는 역사가 □ □ 이나 내게 있게 하소서

   · 성 령 **· 갑 절**

4. 엘리야는 무엇을 타고 승천하였습니까? (2:11)

   ① 구름 ② 불말 ③ **회오리 바람**

5. 선지자의 생도의 아내가 엘리사에게 무엇 때문에 부르짖었습니까? (4:1)

   ① 억울한 문제 ② **빛을 해결하기 위해** ③ 병을 고치기 위해

6. 선지자의 생도의 아내는 무엇으로 빚을 해결하였습니까? (4:7)

( )

7. 아람의 군대장관 나아만이 무슨 병에 걸렸습니까? (5:1)

① 혈류병 ② **문둥병** ③ 중풍병

8. 나아만이 문둥병을 어떻게 고쳤습니까? (5:14)

요단 강에 □ □ □ 몸을 잠그니 그의 살이 □ □ □ □ 의 살 같이 회복되어 □ □ 하게 되었더라

· 일 곱 번 **· 어 린 아 이** **· 깨 끗**

9. 엘리사를 잡으러 온 아람 군사보다 엘리사를 보호하는 천군천사가 더 많은데 엘리사의 사환은 왜 모르고 못 보았습니까? (6:17)

① **영안이 어두워서** ② 기도를 안하므로 ③ 믿음이 없음

10. 네 문둥이가 걸어가는 소리에 아람군사들이 두려워하여 다 도망하였습니다. 그 이유는 무엇일까요? (7:3, 6)

( )

11. 누구의 시신을 개들이 먹는다고 하였습니까? (9:36)

① 여로보암 ② **이세벨**

③ 안디바 ④ 아달랴

12. 왕의 씨를 진멸한 왕후는 누구입니까? (11:1)

① 이세벨 ② 헤로디아 ③ **아달랴**

13. 이스라엘의 왕 중에 가장 오랫동안 다스린 왕은 누구입니까? (14:23)

① **여로보암** ② 예후 ③ 요아스

14. 이스라엘의 왕 중에 한 달을 다스린 왕은 누구입니까? (15:13)

① **살룸** ② 아하시야 ③ 야베스

15. 북 이스라엘의 마지막 왕은 누구일까요? (17:6)

① 시드기야 ② 여로보암 ③ **호세아**

16. 히스기야가 왕 위에 오를 때 몇 살이었습니까? (18:1~2)

① 20 세 ② **25 세** ③ 30 세

17. 히스기야왕은 몇 년을 치리하였습니까? (18:2)

① 25 년 ② **29 년** ③ 40 년

18. 히스기야가 왕 위에 오르자 무엇을 어떻게 하였습니까? (18:3~4)

여호와께서 보시기에 □ □ 하게 행하여
그가 여러 □ □ 들을 제거하며
□ □ 을 깨뜨리며 아세라 목상을 찍으며

· 정 직 **· 산 당** **· 주 상**

19. 히스기야왕이 병 들었을 때 하나님께 어떻게 기도 하였습니까? (20:2)

히스기야가 □ 을 □ 으로 향하고 여호와께 기도하여 이르되

· 낯 **· 벽**

20. 여호와여 구하오니 내가 □ □ 과 전심으로 주 앞에 □ 하며 주께서 보시기에 □ 하게 행한 것을 기억하옵소서 (20:3)

· **진실**　　　· **행**　　　· **선**

21. 하나님께서 히스기야의 무엇을 보시고 응답하셨습니까? (20:5)

① 기도와 정성　② **눈물과 기도**　③ 십일조와 감사헌금

22. 하나님이 히스기야에게 무슨 보장(응답)을 하셨습니까? (20:6)

(　　　　　　　　　　　　　　　　　　　　)

(　　　　　　　　　　　　　　　　　　　　)

23. 요시야가 왕 위에 나아갈 때 그의 나이는 몇 살이었습니까? (22:1)

① 5 세　② **8 세**　③ 23 세

24. 바벨론왕에게 두 눈을 뽑힌 왕은 누구입니까? (25:7)

① 여호야김　② 웃시야　③ **시드기야**

문 제 다음 물음에 맞는 것은 ○표 틀린 것은 ×표 하세요

1. 엘리야와 엘리사의 관계는 사제지간이다. (왕하 2:2)
(○, ×) ⇒ ○

2. 엘리사는 엘리야의 몸에서 떨어진 옷으로 요단강을 치니 물이 갈라져 엘리사가 건너가니라. (2:14) (○, ×) ⇒ ○

3. 엘리사가 아이들을 여호와의 이름으로 저주하여 암곰 두 마리가 42명을 찢었더라. (2:24) (○, ×) ⇒ ○

4. 빚을 갚지 아니해도 아들을 빼앗기지 아니하고 종을 삼지 아니한다. (4:1)
(○, ×) ⇒ ×

5. 나아만은 부인의 말을 듣고 문둥병을 깨끗이 고쳤다. (5:2~3)
(○, ×) ⇒ ×

6. 엘리사는 왕이 침실에서 하신 말씀도 알아 왕에게 보고한다. (6:12)
(○, ×) ⇒ ○

7. 아람군사가 도망한 것을 제일 먼저 발견한 사람은 네 문둥이였다. (7:3~5)
(○, ×) ⇒ ○

8. 이세벨의 시신은 이스라엘 토지에 안장하였다. (9:36)
(○, ×) ⇒ ×

9. 엘리사 선지자는 요아스 왕때에 병들어 죽었다. (13:14)
(○, ×) ⇒ ○

문 제	스피드 퀴즈 게임

★ 남 · 여 그룹 대항전 ★

남 · 여 대표 각 2명 출전

※ 사회자가 카드를 보여주면 말과 행동으로 설명하면 대답한다.

남자 A → 남자 B

	카드	카드를 보고 설명		설명을 듣고 대답	
1	신 랑	결혼하는 남자, 새 ( )라고함	··▶	신 랑	모르면 통과
2	신 당	우상이나 신을 모시는 곳	··▶	신 당	〃
3	결 혼	남자와 여자가 예식을 올리는 것	··▶	결 혼	〃
4	송아지	소의 새끼를 무엇이라고 하는가?	··▶	송아지	〃

카드를 만들어 계속 ... 시간을 정해 놓고 많이 맞추는 팀이 승리.

여자 A → 여자 B

	카드	카드를 보고 설명		설명을 듣고 대답	
1	포도주	포도로 만들고 마시면 취하는 것	··▶	포도주	모르면 통과
2	솔로몬	지혜의 왕, 부인이 일천명이나 됨	··▶	솔로몬	〃
3	세 리	세금을 걷는 사람, 삭개오의 직업은?	··▶	세 리	〃
4	세례요한	예수님보다 6개월 먼저 온 사람	··▶	세례요한	〃

카드를 만들어 계속 ... 시간을 정해 놓고 많이 맞추는 팀이 승리.

역대상·하

문 제 성경 문제를 듣고 답을 선택하세요

[역대상]

1. 사울 왕의 아들들이 어디에서 죽었습니까? (10:1~2)
   · 어느 나라와 싸우다가? ( )
   · 어떤 산에서 죽었습니까? ( )

2. 사울 왕은 어떻게 죽었습니까? (10:4~5)
   ① 자결하다 ② 활에 맞아 죽다 ③ **자기 칼 위에 엎드려져 죽었다**

3. 블레셋 사람들이 사울 왕의 머리를 어떻게 하였습니까? (10:10)
   그의 머리를 □ □ 의 신전에 단지라

   · 다 곤

4. 웃사가 법궤를 어떻게 하였기에 죽었습니까? (13:9~10)
   소들이 □ □ □ 웃사가 손을 펴서 □ 를 붙들었더니

   · 뛰므로 **· 궤**

5. 하나님의 궤는 누가 메야 합니까? (15:2)

① 유다 지파　② **레위 지파**　③ 히위 지파

6. 다윗이 성전 지을 것을 누구에게 알려 의견을 물었습니까? (17:1)

① 아브넬　② 이사야　③ **나단**

7. 다윗이 어디로 가든지 여호와께서 어떻게 하셨습니까? (18:6)

① 보호하셨다　② 함께하였다　③ **이기게 하시니라**

8. 다윗이 그 아들 솔로몬을 불러 무엇을 하라고 하였습니까? (22:6)

이스라엘 하나님 □ □ □ 를 위하여 □ □ 건축하기를 부탁하여

· **여호와**　· **성전**

9. 다윗은 성전 건축을 하려 하였으나 왜 못했습니까? (22:8)

너는 □ 를 심히 □ □ 흘렸고 크게 □ □ 하였느니라

· **피**　· **많이**　· **전쟁**

10. 하나님께서 오벧에돔에게 복을 주셨는데 그 이유는 무엇일까요? (26:8)

① 믿음이 좋아서　② 싸움을 잘해서　③ **직무를 잘하는 자니**

[역대하]

11. 솔로몬의 왕 위가 견고하여진 그 원인이 무엇일까요? (1:1)

① 순종을 잘 하므로　② 부모에게 효도　③ **여호와께서 함께하사**

12. 솔로몬은 성전을 건축하고 무슨 행사를 하였습니까? (5:12~14)

( )

13. 솔로몬이 성전에서 기도를 마치매 무슨 일이 일어났습니까? (7:1)

① **영광이 가득하였다** ② 하나님이 기뻐하심

③ 천사가 내려왔다 ④ 하늘이 열렸다

14. 솔로몬이 여호와의 성전과 자기의 궁궐을 몇 년동안 건축하였습니까? (8:1)

① 5 년 - 10 년 ② **7 년 - 13 년** ③ 9 년 - 11 년

15. 솔로몬은 일년의 세 절기를 지켰는데 그 절기는 무엇 무엇입니까? (8:13)

(무 □ 절) (칠 □ 절) (초 □ 절)

· 교 · 칠 · 막

16. 솔로몬 왕의 명성이 알려지자 각 나라에서 어떤 일이 일어났습니까? (9:22~24)

( )

17. 솔로몬이 죽은 후 누가 왕이 되었습니까? (9:31)

그 아들 □ □ □ □ 이 대신하여 왕이 되니라.

· 르호보암

18. 르호보암왕은 누구의 훈계를 물리쳤습니까? (10:6~11)

① 나단 ② **솔로몬을 모시던 노인들**

③ 이사야 ④ 나단

19. 아사가 왕위에 오르매 십년 동안 나라가 평안하였습니다. 그 원인이 아닌 것은 무엇인가요? (14:1~5)

① 선과 정의를 행하였다 ② 이방 제단을 제거했다

③ **금송아지 상을 섬겼다** ④ 산당을 제거했다

20. 관계 있는 낱말에 줄로 연결하세요. (14:8~11)

① 아사의 군대 · ㄱ 군사 백만, 병거 삼백 대

② 구스 군대 · ㄴ 강자와 약자 사이에 주 밖에 없음

③ 여호와께 부르짖어 · ㄷ 우리를 도우소서

④ 우리 하나님 여호와여 · ㄹ 이기게 하옵소서

⑤ 여호와는 우리 하나님 · ㅁ 삼십만, 이십팔만

답 ① - ㅁ, ② - ㄱ, ③ - ㄴ, ④ - ㄷ, ⑤ - ㄹ

21. 아사왕의 모친 마아가가 무엇을 만들었습니까? (15:16)

① **아세라 목상** ② 우상 ③ 산당

22. 아사가 왕이 된지 39년에 발에 병이나 누구를 의지하였습니까? (16:12)

① 여호와를 의지함 ② **의원을 의지함**

③ 악을 의지함 ④ 사람을 의지함

23. 전쟁의 승패는 누구에게 있습니까? (20:15)

① 인간에게 있음 ② 무기가 좌우한다

③ **하나님께 속한 것** ④ 숫자가 좌우한다

24. 여호사밧 왕은 전쟁에서 싸우지 않고 어떻게 하였습니까? (20:21)

□ □ 하는 자들을 택하여

거룩한 □ □ 을 입히고 군대 앞에서 □ □ 하며

여호와를 □ □ 하여 이르기를 여호와께 감사하세

· 노래 · 예복 · 행진 · 찬송

25. 웃시야 왕은 나라가 강성하므로 마음이 교만하여 어떠한 일을 하였습니까? (26:16)

□ 을 행하여 그의 하나님 여호와께 범죄하되 곧 여호와의 성전에 들어가서 □ □ 에 □ □ 하려 한지라

· 악 · 향단 · 분향

26. 웃시야 왕은 악을 행하므로 죽는날까지 무슨 병으로 고생하였습니까? (26:21)

① 중풍병 ② **문둥병** ③ 열병

27. 므낫세 왕이 여호와 보시기에 악을 행하였는데 무슨 악을 행하였습니까? (33:2~3)

그의 아버지 히스기야가 헐어 버린 □ □ 을 다시 세우며

□ □ 들을 위하여 제단을 쌓으며 □ □ □ 목상을 만들며

하늘의 모든 □ □ □ □ 을 경배하여 섬기며

· 산당 · 바알 · 아세라 · 일월성신

문 제	다음 물음에 맞는 것은 ○표 틀린 것은 ×표 하세요

[역대상]

1. 이스라엘의 장자 르우벤은 아비의 침상을 더럽게 하였다. (대상 5:1)

(○, ×) ⇒ ○

2. 야곱의 장자는 시므온이다. (5:1)

(○, ×) ⇒ ×

3. 여호수아는 눈의 아들이다. (7:27)

(○, ×) ⇒ ○

4. 사울은 기스의 아들이다. (8:33)

(○, ×) ⇒ ○

5. 사울이 죽은 것은 여호와께 범죄하였음이라. (10:13)

(○, ×) ⇒ ○

6. 하나님의 궤가 오벧에돔의 집으로 옮겨 가므로 화가 임하였다. (13:14)

(○, ×) ⇒ ×

7. 하나님께서 레위 사람에게만 법궤를 메게 한 이유는 무엇입니까? (15:2)

· 영원히 저를 섬기게 하기 위함이다.

8. 다윗이 아삽과 그 형제를 세워 여호와께 감사하며 노래하며 찬양을 하였더니 모든 백성들이 어떻게 하였습니까? (16:35~36)

· 모든 백성들이 아멘하고 여호와를 찬양하였더라.

9. 다윗이 블레셋 사람을 쳐서 항복받고 블레셋 사람의 손에서 가드와 그 동네를 빼앗고 점령 하였더니 하나님께서 다윗이 어디로 가든지 이기게 하였는데 이 말씀이 18장에 몇 번 나옵니까? (18:1~17)

· 2번 (6, 13절)

10. 다윗이 성전을 건축하기 위하여 금, 은, 놋, 철을 셀 수 없을 만큼 심히 많이 예비하였다. (22:14) (○, ×) ⇒ ○

[역대하]

11. 솔로몬이 예루살렘 모리아산에 여호와의 전을 건축하였다. (대하 3:1)
(○, ×) ⇒ ○

12. 솔로몬은 성전 헌당 절기를 몇 일간 하였습니까? (7:8)
① 5 일 ② **7 일** ③ 안디바

13. 솔로몬은 이스라엘 자손은 노예를 삼지 않고 군사와 지휘관의 우두머리들과 그의 병거와 마병의 지휘관들이 됨이라. (8:9)
(○, ×) ⇒ ○

14. 르호보암이 여호와 앞에서 범죄하므로 바벨론의 벨사살을 통해 그를 쳤더라. (12:2~9) (○, ×) ⇒ ×

15. 이스라엘이 두 왕국으로 갈라진 것은 솔로몬이 이방 여자들을 아내로 삼고 그들의 신을 섬겼기 때문이다. (12장)

(○, ×) ⇒ ○

16. 아사왕의 아들 여호사밧은 아사왕과 같이 여호와를 좇지 않았다. (17:1~4)

(○, ×) ⇒ ×

17. 노래와 찬송이 시작될 때에 무슨 기적이 일어났습니까? (20:22~23)

( )

18. 웃시야는 나이 십육세에 왕이 되었다. (26:1)

(○, ×) ⇒ ○

19. 웃시야 왕은 예루살렘에서 52년을 치리하였다. (26:3)

(○, ×) ⇒ ○

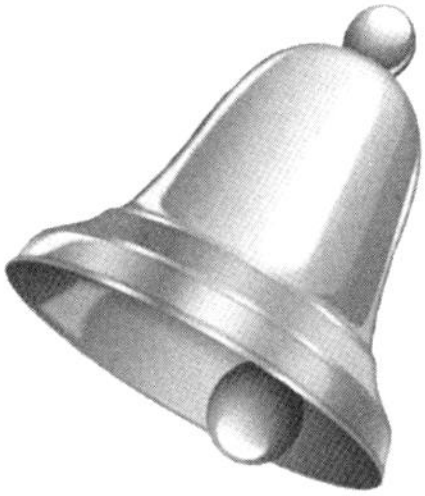

에스라

문 제	성경 문제를 듣고 답을 선택하세요

[에스라]

1. 여호와께서 예레미야의 입을 통하여 마음을 감동시킨 바사 왕은? (1:1)

   ① 느브갓네살　　② 벨사살

   ③ **고레스**　　④ 앗수르 바니팔

2. 바사 왕 고레스를 통해 하나님이 이루시려고 하는 일은 무엇인가? (1:2)

   (　　　　　　　　　　　　　　　　　　　　　)

3. 고레스는 성전의 기물들을 미드르닷에게 명령하여 누구에게 주었나 ? (1:8)

   유다 총독 □ □ □ □ 에게 넘겨주니

   · **세스바살**

4. 포로에서 놓여 예루살렘으로 귀환한 온 회중의 합계는? (2:64)

   ① 43,000　　② **42,360**

   ③ 45,200　　④ 41,360

5. 이스라엘 자손들이 귀환한지 얼마만에 일제히 예루살렘에 모였나? (3:1)

① 첫째 달에　　② 셋째 달에

③ **일곱째 달에**　　④ 여섯째 달

6. 무너졌던 하나님의 성전을 얼마만에 건축하기를 시작했나 ? (3:8)

① 일 년 첫째 달　　② 이 년 첫째 달

③ **이 년 둘째 달**　　④ 이 년 셋째 달

7. 성전 건축을 방해하는 무리들이 고발했던 왕은? (4:6)

① **아하수에로**　　② 살만에셀

③ 고레스　　④ 불

8. 성전건축이 중단 되었을 때 다시 시작할 수있도록 도왔던 선지자들은? (5:1)

선지자 □ □ 와 잇도의 손자 □ □ □ 가 이스라엘의 하나님의

· 학개　　**· 스가랴**

9. 성전 건축을 지속적으로 이어나가기 위해서 조서를 올렸던 왕은? (5:6-7)

① 느브갓네살 왕　　② **다리오 왕**

③ 아닥삭스다 왕　　④ 아하수에로 왕

10. 성전 건축이 완공된 날은? (6:15)

① 아닥삭스다 제육년 아달월에　　② **다리오 왕 제육년 아달월에**

③ 벨사살 왕 이 년 아빕월에　　④ 아하수에로 왕 삼 년 유월절에

11. 바사 왕 아닥삭스다가 왕 위에 있을 때 아론의 십육대 손은 누구인가? (7:5)

① 모르드개 ② 하만

③ **에스라** ④ 예레미야

12. 에스라가 예루살렘으로 귀환한 이유는 무엇인가? (7:9~10)

( )

· 율례와 규례를 이스라엘에게 가르치기 위하여

13. 에스라가 하나님 앞에 백성들을 모아 금식을 선포한 장소는? (8:21)

① **아하와 강** ② 기손 강

③ 힛데겔 강 ④ 유브라데

14. 에스라와 일행들이 아하와 강을 떠나 예루살렘으로 가던 날짜는? (8:31)

① 첫째 달 삼일 ② **첫째 달 십이일**

③ 첫째 달 이십오일 ④ 첫째 달 삼십일

15. 이스라엘 백성들이 이방인과 혼인하자 에스라가 보인 행동은? (9:3)

(속 □)과 (겉 □)옷을 찢고 (머 □ 털)과 (수 □)을 뜯으며

· 옷 · 옷 · 리 · 염

16. 에스라는 가증한 백성들과 통혼하는 것을 무엇이라고 표현했나? (9:13)

( )

· 악한 행실과 큰 죄

17. 이방 여자들을 아내로 삼은 것을 책망하며 다 내보내야 한다고 말한 사람은? (10:2)

( )

· **여히엘의 아들 스가냐**

18. 이방 여자들을 내보내는데 반대한 사람에 해당되지 않는 사람은? (10:15)

① 요나단 ② **스가냐**

③ 야스야 ④ 삽브대

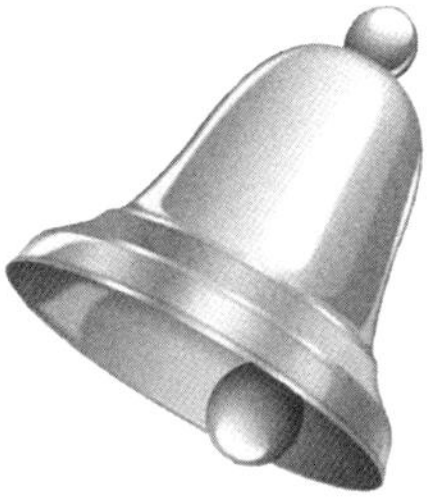

느헤미야

문 제	성경 문제를 듣고 답을 선택하세요

1. 하가랴의 아들로 아닥사스닥 왕의 통치시기에 술 관원인 사람은? (1:1,8)

   ① 에스라　② 아모스　③ **느헤미야**　④ 하만

2. 느헤미야가 아닥사스다 왕에게 간청한 내용은? (2:5)

   ① 노예에서 해방되게　② 직위를 높여 달라고

   ③ **성을 건축하게**　④ 고향으로 돌아가게

3. 느헤미야가 성벽을 건축하지 못하게 방해하던 세 사람은? (2:19)

   ① (호론사람 : 　) ② (암몬 사람 : 　) ③ (아라비아사람 : 　)

   · 산발랏　**· 도비야**　**· 게셈**

4. 양문을 건축한 무리들은? (3:1)

   ① **제사장들**　② 하스나아의 자손들　③ 후르의 아들들

5. 분문을 중수한 사람들은? (3:14)

   ① **레갑의 아들 말기야**　② 골호세의 아들 살룬

6. 성 모퉁이 성루에서 양문까지 중수한 사람들은? (3:32)

① 세상 사람들 ② **금장색과 상인들**

③ 믿는 사람들 ④ 충성한 사람

7. 성벽을 건축하는데 여우가 올라가도 무너지겠다고 조롱한 사람은? (4:3)

① 산발랏 ② 게셈 ③엘리아십 ④ **도비야**

8. 성벽을 중수할 때 한 손에 병기를 잡았는데 어떤 것들이 있었나? (4:16)

① ( ) ② ( ) ③ ( )

· 창 · 방배 · 활

9. 귀환한 백성들이 흉년으로 많은 빚을 지자 어떤 해결책을 내놓았나? (5:10)

( )

· 이자 받기를 그쳤다

10. 이스라엘 백성들이 일곱째 달 초하루에 수문 앞 광장에 모인 이유는? (8:2~3)

( )

· 율법책을 통해 말씀을 듣고 깨닫게하기 위해

11. 절기에 거할 초막을 지을 재료는 무엇 무엇이 있나? (8:14~15)

· 감람나무 · 들감람나무 · 화석류나무

· 종려나무 · 기타 무성한 나무

문 제	다음 물음에 맞는 것은 ○표 틀린 것은 ×표 하세요

1. 에스라는 오일 동안 율법책을 낭독하며 성회를 열었다. (느 8:18)

(○, ×) ⇒ ×

2. 이스라엘 백성들이 굵은 베 옷을 입고 죄를 자복했다. (느 9:1~2)

(○, ×) ⇒ ○

3. 하나님은 아브람을 하란에서 인도해 내셨다. (느 9:7)

(○, ×) ⇒ ×

4. 광야에서 사십 년 동안 지낼때에 옷이 해어지지 않았다. (느 9:21)

(○, ×) ⇒ ○

5. 해마다 세겔의 절반을 수납하여 하나님의 전을 위해쓰였다. (느 10:32)

(○, ×) ⇒ ×

6. 소와 양의 처음 난 것은 어려운 백성들을 위하여 사용하였다. (느 10:36)

(○, ×) ⇒ ×

7. 지도자들과 백성중 십분의 일은 거룩한 성 예루살렘에 거주했다. (느 11:1)

(○, ×) ⇒ ○

8. 예루살렘에 거주한 베레스 자손은 다 용사이다. (느 11:6)

(○, ×) ⇒ ○

9. 거룩한 예루살렘에 거주한 레위 사람은 모두 몇명이었나 ? (느 11:18)

① 이백 이십 명 ② **이백 팔십사 명** ③ 삼백 명

10. 발람에게 뇌물을주어 이스라엘을 저주하게한 모압은 하나님의 총회에 영원히 들어오지 못한다. (느 13:1~2)

(○, ×) ⇒ ○

11. 대제사장의 손자인 야다는 대적자 산발랏의 사위가 되었다. (13:28)

(○, ×) ⇒ ×

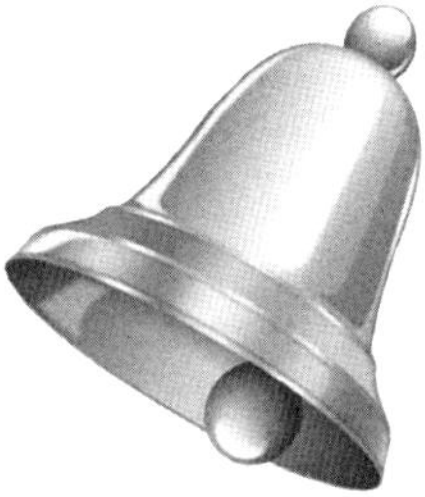

에스더

문 제 성경 문제를 듣고 답을 선택하세요

1. 아하수에로 왕은 인도로부터 구스까지 몇 지방을 다스렸나? (스 1:1)
   ① 백이십 ② 백이십오 ③ **백이십칠**

2. 아하수에로 왕이 즉위한 곳은 어디인가? (1:2)
   ① **수산 궁** ② 하늘 궁 ② 악메다 궁

3. 왕후 와스디가 왕의 명령을 따르기를 싫어하자 왕의 반응이 어떻했나? (1:12)
   왕이 □ □ 하여 □ □ 속이 불 붙는 듯하더라
   · **진노** · **마음**

4. 왕후 와스디가 폐위되고 새로운 왕후를 뽑을수 있도록 조언한 사람은? (1:19)
   ① 므후만 ② **므무간** ③ 기르가스

5. 전국 각지에서 왕후를 뽑기위해 모인 사람들을 관리하던 사람은? (2:3)
   ① 내시 빅단 ② **내시 해개** ③ 내시 데레스

6. 모르드개는 선조를 따라 올라가면 어느 지파의 자손인가? (2:5)

( )

· 야일의 아들이며 시므이의 손자요 기스의 증손이요 베냐민 자손

7. 유다 왕 여고냐와 백성들이 사로잡혀 갈 때에 함께 잡혀온 사람은? (2:6)

① 다니엘 ② **모르드개** ③ 에스겔

8. 아하수에로 왕을 암살하려던 두 사람은 누구인가? (2:21)

문을 지키던 왕의 내시 □ □과 □ □ □ 두 사람이

· 빅단 **· 데레스**

9. 아하수에로 왕이 모든 대신 위에 지위를 높이 올린 사람은 누구인가? (3:1)

① **하만** ② 빅단 ③ 게셈

10. 하만이 자신에게 절하지 않는 모르드개를 보고 나타낸 반응은? (3:5)

( )

· 무릎을 꿇지도 아니하고 절하지도 아니함을 보고 매우 노하니

11. 하만이 모르드개의 민족인 유다인을 멸하기 위해 제비를 뽑은 달은? (3:7)

① **아달월** ② 아빕월 ③ 티쉬리월

12. 모든 유다인들을 도륙하고 진멸하고 재산을 탈취하라고 한 날은 ? (3:13)

① 아달월 칠일 ② **아달월 십삼일**

③ 아달월 십오일 ④ 아달월 이십삼일

13. 관계 있는 낱말에 줄로 연결하세요. (4:1~17)

① 모르드개가(1)	·	ㄱ 하닥에게 주어 에스더에게
② 시녀와 내시가(4)	·	ㄴ 굵은 베 옷을 벗기고자
③ 수산 궁에서 내린 조서를(8)	·	ㄷ 이 때를 위함이 아닌지
④ 에스더가 하닥에게(10)	·	ㄹ 밤낮 삼 일을 먹지도 말고
⑤ 왕후의 자리를 얻은 것이(14)	·	ㅁ 옷을 찢고 굵은 베옷을 입고
⑥ 나를 위하여 금식하되(16)	·	ㅂ 너는 모르드개에게 전하기를

답 ① - ㅁ, ② - ㄴ, ③ - ㄱ,
④ - ㅂ, ⑤ - ㄷ, ⑥ - ㄹ

14. 왕이 에스더에게 소원을 들어 주겠다고 하자 에스더가 한 말은? (5:4)

( )

· 왕이 좋게 여기시거든 하만과 함께 오소서 하니

15. 에스더가 베푼 잔치에 초대 받은 하만이 가기전 아내 세레스와 모든 친구들의 한 말을 좋게 여긴 이유는? (5:14)

( )

· 모르드개를 그 나무에 매달기를 조언함

16. 왕이 하만에게 사람을 존귀하게 하려면 어떻게 하는지를 묻자 반응은? (6:8~9)

· 왕께서 입으시는 왕복과 머리에 쓰시는 왕관을 가져다가 원하시는 사람에게 옷을 입히고 말을 태워서 성 중 거리에서 반포함

문 제	다음 물음에 맞는 것은 ○표 틀린 것은 ×표 하세요

1. 하만이 모르드개를 죽이고자 장대를 세운것을 왕에게 알려준 사람은 내시 해개이다. (스 7:9)

(○, ×) ⇒ ×

2. 왕이 인장 반지를 하만에게서 빼어 에스더에게 주었다. (8:2)

(○, ×) ⇒ ×

3. 유다인을 멸하려던 하만의 열 아들들도 죽임을 당했다. (9:10)

(○, ×) ⇒ ○

3. 유다인들이 하만의 계략으로인해 멸절 당할뻔 하였으나 에스더와 모르드개의 지혜로 살아난 날을 기념하는 것이 부림일 이라한다. (9:24~26)

(○, ×) ⇒ ○

4. 유다인 모르드개는 아하수에로 왕의 다음이 되었다. (10:3)

(○, ×) ⇒ ○

욥기

문 제	성경 문제를 듣고 답을 선택하세요

1. 우스 땅에 하나님을 경외하며 살고 있는 사람은? (1:1)

   ① **욥**　② 다니엘　③ 엘리바스

2. 욥은 자녀의 복을 많이 받았는데 남, 녀 몇 명입니까? (1:2)

   ① 5 명　② **10 명**　③ 12 명

3. 욥은 어느날 큰 시험을 당했습니다. 짐승을 도적맞고 종들이 다 죽고 10남매가 집이 무너져 다 죽었습니다. 욥은 어떻게 하였습니까? (1:20~22)

   (　　　　　　　　　　　　　　　　　　　　　　　　)

4. 욥은 큰 시험을 당할 때 부인은 무어라고 하였나요? (2:9)

   ① 하나님이 이럴수가　② 무서운 세상이다

   ③ **하나님을 욕하고 죽으라**　④ 죄를 회개하라

5. 욥은 자기의 생일을 저주하며 원망하였습니다. 무엇이라고 원망하였습니까? (3:11~13)

   (　　　　　　　　　　　　　　　　　　　　　　　　)

6. 인생은 무엇을 위하여 출생하였다고 말하였습니까? (5:7)

① **고난을 위하여** ② 행복하게 살려고 ③ 의식주를 해결하기 위해

7. 관계 있는 것에 줄로 연결하세요. (5:17~19)

① 하나님께 징계받는자(17) ·	ㄱ 업신여기지 말라
② 전능자의 징계를(17) ·	ㄴ 그손으로 고치시나니
③ 아프게 하시다가(18) ·	ㄷ 재앙이 미치지 않게 하시며
④ 상하게 하시다가(18) ·	ㄹ 구원하시며
⑤ 여섯가지 환난에서(19) ·	ㅁ 싸매시며
⑥ 일곱가지 환난이라도(19) ·	ㅂ 복이 있나니

답 ① - ㅂ, ② - ㄱ, ③ - ㅁ, ④ - ㄴ, ⑤ - ㄹ, ⑥ - ㄷ

8. 생물들의 생명과 모든 사람의 육신의 목숨을 다 누가 주관하십니까? (12:10)

① 자기들이 주장한다 ② 자연적이다 ③ **하나님의 손에 있느니라**

9. 욥은 친구에게 "너희의 변론은 어리석은 말이로다" 욥은 누구와 변론하기를 원하였습니까? (13:1~4)

① **하나님** ② 부모와 ③ 지식인 들과

10. 내가 주의 □ □ 을 피하여 숨지 아니하오리니 곧 주의 □ 을 내게 대지 마시오며 주의 □ □ 으로 나를 두렵게 하지 마실 것이니이다. (13:20~21)

· 얼굴 **· 손** **· 위엄**

11. 경건하지 못한 무리는 무엇이 없으며 뇌물을 받는 자의 장막은 어떻게 될까요? (15:34)

· **자식이 없음** · **장막이 불탐**

12. 관계 있는 것에 줄로 연결하세요. (22:21~23)

① 하나님과 화목하고 평안하라(21) · ㄱ 다시 흥하리라

② 전능하신 자에게 돌아가면(23) · ㄴ 지음을 받을 것

③ 장막에서 불의를 멀리하라(23) · ㄷ 복이 네게 임하리라

답 ① - ㄷ, ② - ㄴ, ③ - ㄱ

13. 내가 (①)을 바랐더니 (②)가 왔고 (③)을 기다렸더니 (④)이 왔구나 (30:26)

· **복** · **화** · **광명** · **흑암**

14. 엘리후가 무엇 때문에 노를 발하였습니까? (32:1~2)

욥이 하나님 보다 자기가 □ □ □ 함이요.

① **의롭다** ② 선하다

③ 착하다 ④ 악하다

15. 엘리후가 욥에게 거듭 당부한 말은 무엇입니까? (33:31~33)

① **내말을 들으라, 잠잠하라** ② 근신하라

③ 회개하라 ④ 정신차려라

16. 내 말을 들으라 하나님은 □ 을 행하지 아니하시며 전능자는 결코 □ □ 를 행하지 아니하시고 (34:10)

· **악** · **불의**

17. 욥이 끝까지 무엇을 받기를 원하였습니까? (34:36)

① 축복 ② 회복 ③ **시험**

18. 하나님은 환난과 전쟁을 위하여 무슨 창고를 저축하셨습니까? (38:22~23)

① **눈과 우박 창고** ② 바람 창고 ③ 불바다 창고

19. 욥이 그 벗들을 위하여 빌매 여호와께서 욥의 곤경을 돌이키시고 욥에게 그전 소유보다 얼마만큼 복을 주셨습니까? (42:10)

① **갑절** ② 100 배 ③ 1000 배

20. 욥이 받은 복을 아는대로 써 보세요? (42:12~17)

① **양** = 14,000 ② **낙타** = 6,000 ③ **암나귀** = 1,000

④ **소** = 1,000 ⑤ **아들** = 일곱 ⑥ **말** = 셋

⑦ **딸들 최고의 미인** ⑧ **수한** = 140년 ⑨ **손자** = 4대

문 제 다음 물음에 맞는 것은 ○표 틀린 것은 ×표 하세요

1. 욥은 하나님을 경외하며 악에서 떠난 사람이다. (욥 1:1)

(○, ×) ⇒ ○

2. 욥이 여러가지 어려운 시험을 당하자 입술로 하나님께 범죄하였다. (2:10)

(○, ×) ⇒ ×

3. 욥의 자녀들이 죽은 것은 그들이 하나님께 죄를 범하였기 때문이다. (8:4)

(○, ×) ⇒ ○

4. 욥은 주께서 그 막대기를 내게서 떠나게 하시고 그 위엄으로 나를 두렵게 하지 아니하시기를 원했다. (9:34)

(○, ×) ⇒ ○

5. 의인은 그 길을 꾸준히 가고 손이 깨끗한 자는 점점 힘을 잃어 버린다. (17:9)

(○, ×) ⇒ ×

6. 욥이 자신을 의인으로 여기자 엘리후는 욥의 의를 인정했다. (32:1~2)

(○, ×) ⇒ ×

7. 욥은 끝까지 하나님 앞에서 자신이 의롭다고 주장하였다. (42:6)

(○, ×) ⇒ ×

8. 욥은 결국 하나님이 내리신 재앙 때문에 망했다. (42:10)

(○, ×) ⇒ ×

문 제	□ 안에 낱말을 쓰시고 ○ 안에 틀린것을 고치세요

1. □ 안을 채워 넣으세요
자기 □ □ 에 각각 자기의 집에서 ㉬ ㉲ 를 베풀고 그의 누이 세 명도 청하여 함께 □ □ 마시더라. (1:4)

· 생일　　· 잔치　　· 먹고

2. 여호와께서 ㉫ ㉯ 에게 이르시되 내가 그의 □ □ □ 을 다 네 손에 맡기노라 다만 그의 몸에는 네 ㉴ 을 대지 말지니라 사탄이 곧 여호와 앞에서 물러가니라 (1:12)

· 사탄　　· 소유물　　· 손

3. 내가 주께 대하여 (머)(리)로 듣기만 하였사오나 이제는 □으로 주를 뵈옵나이다 (42:5)

· 귀　　· 눈

4. 그 후에 욥이 백 (이)(십)년을 살며 아들과 손자 □ □ 를 보았고 욥이 늙어 나이가 차서 죽었더라 (42:16~17)

· 사 십　　· 사 대

문 제 한글 자음을 보고 단어를 알아 맞춘다

예 : ㄱ ㄹ ㅅ ㄷ 답 : 그리스도

①	ㅇ ㅅ	답 우 스
②	ㅅ ㅇ	답 생 일
③	ㅁ ㄹ ㅌ	답 머 리 털
④	ㅂ ㅈ	답 범 죄
⑤	ㄱ ㅂ	답 고 비
⑥	ㅁ ㄹ	답 무 릎
⑦	ㄱ ㅎ	답 교 훈
⑧	ㅈ ㅈ	답 전 쟁
⑨	ㅁ ㄷ	답 무 덤
⑩	ㅎ ㅌ	답 형 통
⑪	ㅊ ㄷ	답 창 대
⑫	ㅇ ㅅ	답 인 생
⑬	ㄴ ㅁ	답 뇌 물
⑭	ㅂ ㅈ	답 부 정
⑮	ㄷ ㅁ	답 데 만

문 제	성경을 바르게 읽고 빨리 읽는 퀴즈 게임

★ 남 · 여 그룹 대항전 ★

남 · 여 대표 각 3명 출전

* 이 퀴즈게임은 성경을 정확하게 정독하는 것을 가르치기 위한 것입니다. 계시록 1:3절에 보면 이 예언의 말씀을 읽는자와 듣는자들과 그 가운데 기록한 것을 지키는 자들이 복이 있다고 말씀하셨습니다. 성경 한자 한자를 정확하게 빠르게 정독해야 한다.

■ 남자 그룹

1. 욥기 1장을 바르게 빨리 읽기
   * 틀리면 실격, 다음 사람이 처음부터 다시 읽는다.
   * 정확한 발음, 시간을 본다.

   시 - 작 .... 끝나면 여자 그룹이 한다.

□ 여자 그룹

2. 욥기 2장을 바르게 빨리 읽기
   * 틀리면 실격, 다음 사람이 처음부터 다시 읽는다.
   * 정확한 발음, 시간을 본다.

   시 - 작 .... 끝나면 남자 그룹이 한다.

▶ 담임 교사가 출제하여 계속한다.

* 정확하게 빨리 읽는 그룹이 승리한다.

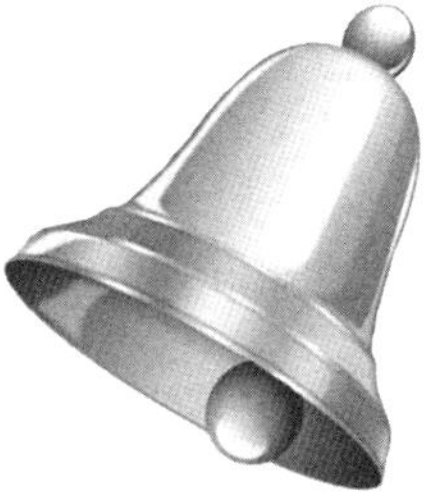

잠언

문 제 성경 문제를 듣고 답을 선택하세요

1. 잠언의 뜻이 아닌것은? (잠 1:2~4)
   ① 지혜를 알게함 ② 훈계를 알게함 ③ **대인관계를 좋게함**

2. 잠언을 기록한 사람은 누구일까요? (잠 1:1)
   ① 다윗 ② 모세 ③ **이스라엘 왕 솔로몬**

3. 지식의 근본이 무엇입니까? (1:7)
   ① 배움 ② 세상의 철학 ③ **여호와를 경외하는 것**

4. 내 아들아 나의 법을 잊어버리지 말고 네 마음으로 나의 명령을 지키면 무슨 복을 받을까요? (3:1~2)
   ① 네가 ( ) 하며 = **장수** ② 많은 ( ) 를 누리게 하며 = **해**
   ③ ( ) 을 더하게 하리라 = **평강**

5. 여호와께서 그 사랑하는 자를 어떻게 하십니까? (3:12)
   아비가 그 기뻐하는 □ □ 을 □ □ 함 같이 하시느니라
   · 아들 **· 징계**

6. 관계 있는 것에 줄로 연결하세요. (3:3~9)

① 인자와 진리로 떠나지 않게 하라	·	ㄱ	네 명철을 의지하지 말라
② 너는 마음을 다하고 여호와를 의뢰하고	·	ㄴ	네 몸에 양약이 되리라
③ 너는 범사에 그를 인정하라	·	ㄷ	창고가 가득하리라
④ 여호와를 경외하라	·	ㄹ	하나님과 사람 앞에서 귀중히 여긴다
⑤ 내 재물과 소산물의 첫 열매로 공경	·	ㅁ	네 길을 지도하시리라

답 ① - ㄹ, ② - ㄱ, ③ - ㅁ, ④ - ㄴ, ⑤ - ㄷ

7. 게으른 자여 □ □에게로 가서 그 하는 것을 보고 □ □ 를 얻으라. (6:6)

· 개 미 **· 지 혜**

8. 좀더 자자 , 좀더 (①), 손을 모으고 좀 더 누워 있자 하면
네 (②)이 강도 같이 오며
네 (③)이 군사 같이 이르리라. (6:10~11)

① **졸자** ② **빈궁** ③ **곤핍**

9. 나를 간절히 찾는자가 나를 만날 것이라. 나는 누구 입니까? (8:17)
① 솔로몬 ② **하나님** ③ 소원하는 사람

10. 여호와를 경외하는 것이 무슨 근본이 됩니까? (9:10)

① 사랑　② **지혜**　③ 믿음

11. 손을 (　①　) 놀리는 자는 (　②　)하게 되고 손이 (　③　) 자는 (　④　)하게 되느니라 (10:4)

① **게으르게**　② **가난**　③ **부지런한**　④ **부**

12. 교만이 오면 □ 도 오거니와 □ □ 한 자에게는 □ □ 가 있느니라 (11:2)

· **욕**　· **겸 손**　· **지 혜**

13. 지혜로운 아들은 아비의 □ □ 를 들으나 □ □ □ 자는 꾸지람을 즐겨 듣지 아니하느니라 (13:1)

· **훈 계**　· **거만한**

14. 노하기를 속히 하는 자는 어리석은 일을 행하고 악한 계교를 꾀하는 자는 무엇을 받습니까? (14:17)

① 꾸지람을 받는다　② **미움을 받는다**　③ 교훈을 받는다

15. 악인의 길은 여호와께서 어떻게 하여도 공의를 따라가는 자는 그가 사랑하시느니라 (15:9)

① 망하게 한다　② 칭찬 한다　③ **미워 한다**

16. 너의 행사를 (　①　)께 맡기라 그리하면 네가 (　②　)하는 것이 이루어지리라 (16:3)

· **여호와**　· **경 영**

17. 사람이 마음으로 자기의 길을 계획할지라도 그의 걸음을 인도하시는 누구입니까? (16:9)

① 자기자신 ② 경력과 지식 ③ **여호와**

18. 손자는 누구의 면류관이요 아비는 자식의 영화니라 (17:6)

① **노인** ② 가정 ③ 하나님

19. 남의 말하기를 (①)하는 자의 말은 (②)과 같아서 뱃속 (③) 내려가느니라 (18:8)

① **좋아** ② **별식** ③ **깊은데로**

20. 거짓증인은 벌을 면치 못할 것이요 거짓말을 뱉는 자는 어떻게 됩니까? (19:9)

① **망한다** ② 인정을 못 받는다 ③ 근심이 가득하다

21. 관계 있는 것에 줄로 연결하세요. (21:1~21)

① 악인이 형통한 것은(4)	•	ㄱ 움막에서 사는 것이 나으니라
② 속이는 말로 재물을 모으는 것(6)	•	ㄴ 죄니라
③ 다투는 여인과 사는 것보다(9)	•	ㄷ 즐거움
④ 정의를 행하는 자(15)	•	ㄹ 생명과 공의와 영광을 얻음
⑤ 공의와 인자를 구하는 자(21)	•	ㅁ 죽음을 구하는 것

답 ① - ㄴ, ② - ㅁ, ③ - ㄱ, ④ - ㄷ, ⑤ - ㄹ

22. 부자는 □ □ □ 자를 주관하고 □ □ 자는 (①)의 종이 되느니라 (22:7)

· 가난한 **· 빚 진** **① 채 주**

23. 너는 사람과 더불어 손을 잡지 말며 남의 □ 에 □ □ 을 서지 말라 (22:26)

· 빚 **· 보 증**

24. 내 사사로운 지혜를 버리고 무엇되기를 애쓰지 말라고 하였습니까?(23:4)

① 백만장자 ② 사장 ③ **부자**

25. 대인의 자리에 서지 말고 왕 앞에서 어떻게 하라고 하였습니까? (25:6)

① **높은 체하지 말라** ② 잘 낳은체 ③ 교만하게

26. 자기의 이웃을 쳐서 거짓 증거하는 사람은 □ □ □ 요 □ 이요 뾰족한 □ □ 이니라 (25:18)

· 방망이 **· 칼** **· 화 살**

27. 게으른 자는 그 손을 그릇에 넣고도 어떻게 한다고 하였습니까? (26:15)

( )

문 제	다음 물음에 맞는 것은 ○표 틀린 것은 ×표 하세요

1. 네 마음으로 죄인의 형통을 부러워 하여도 좋다. (잠 23:17)

(○, ×) ⇒ ×

2. 술을 즐기는 자와 사귀어도 좋다. (23:20)

(○, ×) ⇒ ×

3. 술을 취하고 탐식하는 자는 가난하여 진다. (23:21)

(○, ×) ⇒ ○

4. 너를 낳은 아비에게 청종하고 네 늙은 어미를 경히 여기지 말라. (23:22)

(○, ×) ⇒ ○

5. 술을 좋아하는 자에게 어떤 일이 있을까요? (23:29~35)

재앙이 온다 (○, ×) ⇒ ○

근심이 생긴다 (○, ×) ⇒ ○

분쟁이 일어난다 (○, ×) ⇒ ×

원망이 생긴다 (○, ×) ⇒ ×

붉은 눈이 된다 (○, ×) ⇒ ×

6. 의인은 일곱 번 넘어지면 일어나지 못한다. (24:16)

(○, ×) ⇒ ×

7. 잠 자기를 좋아하는 자에게 무슨 일이 일어납니까? (24:33~34)

빈곤이 강도같이 온다	(○, ×)	⇒ ○
곤핍이 군사같이 이른다	(○, ×)	⇒ ○
건강하고 편안하다	(○, ×)	⇒ ×
희망과 소망이 있다	(○, ×)	⇒ ×

8. 네 원수가 배고파하거든 음식을 주지말고 목말라하거든 물을 마시게 하라. (25:21)

· 주지말고 = 먹이고

9. 나두는 여인과 함께 호화로운 집에서 사는 것보다 움막에서 같이 사는 것이 나으니라 (25:24)

· 호화로운 = **큰** · 같이 = **혼자**

10. 너는 내일 일을 자랑하라 하루 동안에 무슨 일이 일어날는지 네가 생각해 보아라 (27:1)

· 자랑하라 = **자랑하지 말라** · 생각해 보아라 = **알 수 없음이니라**

11. 가난하게도 마옵시고 부하게도 마옵시고 어떻게 구하였습니까? (30:8)

( )

12. 내가 배불러서 하나님을 모른다고 할까 하오니 혹 내가 가난하여 무엇을 할까 두렵다고 하였습니까? (30:9)

① 불신할까 ② **도적질과 하나님을 욕되게** ③ 저주할까

문 제	단어 꼬리 잇기 퀴즈 게임

★ 남 · 여 그룹 대항전 ★

남자 여자 각 2사람이 한 팀이 된다.

1. 성경에 나오는 사람 이름을 주고 받는 문·답 게임

남 자		여 자				
노 아	··▶	아 담	··▶	이 삭	··▶	셈
함	··▶	하 와	··▶	모 세	··▶	아브람

계속...

2. 성경에 나오는 지역, 도시, 마을, 이름 부르기

에 덴	··▶	애 굽	··▶	예루살렘	··▶	가나안
하 란	··▶	소 돔	··▶	벧 엘	··▶	브엘세바

3. 성경구절 잇기 문·답(남자가 먼저 말하면 여자가 잇는다)

너를 위하여 새긴 우상을 ?	··▶	만들지 말라
나 외에는 다른 신을 ?	··▶	섬기지 말라
원수를 ?	··▶	사랑하라
네 부모를 ?	··▶	공경하라
주 예수를 ?	··▶	믿으라

4. 담당교사가 출제하여 계속한다. 막히는 팀이 패한다.

전도서

문 제 　 성경 문제를 듣고 답을 선택하세요

1. 전도서는 누가 기록하였습니까? (전 1:10) (전도자는 솔로몬이다)
   ① 다윗 ② **솔로몬** ③ 여로보암

2. 지혜가 많으면 □ □ 도 많으니 지식을 더하는 자는 □ □ 을 더하느니라 (1:18)
   · **번 뇌** · **근 심**

3. 모든 수고가 다 헛되어 무엇을 잡는 것과 같은가요? (2:11)
   ① 안개 ② **바람** ③ 공기

4. 사람이 먹고 마시며 수고하는 가운데 무엇으로 낙을 누리게 하는 것 보다 나은 것이 없나니 (2:24)
   ① 향락 ② 믿음 ③ **마음**

5. 하나님은 기뻐하시는 자에게와 죄인에게 무엇을 주십니까? (2:26)
   · **하나님이 기뻐 하는 자** = ① 사랑 ② **지혜** ③ 믿음
   · **죄인에게** = ① 고통 ② **노고** ③ 가시

6. 관계 있는 것에 줄로 연결하세요. (3:1~8)

① 심을 때가 있고(2) ·	ㄱ 세울 때가 있으며
② 죽일 때가 있고(3) ·	ㄴ 웃을 때가 있으며
③ 헐 때가 있고(3) ·	ㄷ 춤을 출 때가 있으며
④ 울 때가 있고(4) ·	ㄹ 심은 것을 뽑을 때가 있으며
⑤ 슬퍼할 때가 있고(4) ·	ㅁ 치료 할 때가 있으며

답 ① - ㄹ, ② - ㅁ, ③ - ㄱ, ④ - ㄴ, ⑤ - ㄷ

7. 하나님이 하시는 일의 □ □ 을 사람으로 □ □ 할 수 없게 하셨도다. (3:11)

· 시 종 **· 측 량**

8. 사람은 흙으로 왔다가 어디로 돌아갑니까? (3:20)

① **흙으로** ② 하늘로 ③ 고향으로

9. 한 사람이 누운것과 두 사람이 누우면 어느쪽이 따뜻할까요? (4:11)

① **두 사람이 누우면** ② 한사람이 누우면 ③ 세 사람이 누우면

10. 삼겹줄이 왜 쉽게 끊어지지 않을까요? (4:12)

( )

11. 은을 사랑하는 자는 은으로 만족함이 없고 풍부를 사랑하는 자는 소득으로 만족함이 없습니다. 왜 그럴까요? (5:10)

① 욕심 때문에 ② 더 좋은 것을 가지려고 ③ **헛된 것이기에**

12. 노동자는 먹는 것이 많든지 적든지 잠을 달게 자거니와 부자는 부요으로 자지 못하는 이유가 무엇일까요? (5:12)

( )

13. 모태에서 벗거벗고 나왔은즉 그가 나온대로 돌아가고 수고하여 얻은 것은 어떻게 됩니까? (5:15)

① 물려준다 ② 반납시킨다 ③ **가지고 가지 못한다**

14. 관계있는 것에 줄로 연결하세요. (7:1~4)

① 좋은 이름이(1)	·	ㄱ 잔치집에 가는것보다 나으니
② 죽는 날이(1)	·	ㄴ 좋은 기름보다 낫고
③ 초상집에 가는 것이(2)	·	ㄷ 웃음보다 나으며
④ 슬픔이(3)	·	ㄹ 초상집에 있나니
⑤ 지혜로운자의 마음은(4)	·	ㅁ 출생하는 날보다 나으며

답 ① - ㄴ, ② - ㅁ, ③ - ㄱ, ④ - ㄷ, ⑤ - ㄹ

15. 급한 마음으로 노를 발하지 말라 왜 그럴까요? (7:9)

① **우매자의 품에 머무름이니라** ② 실수하기 때문에

③ 발악 하므로

16. 악인은 □ 되지 못하며 □ □ 하지 못하고 그 날이 □ □ □ 와 같으리니 (8:13)

· **잘** · **장수** · **그림자**

17. 모든 산 자들 중에 들어 있는 자에게는 누구나 소망이 있음은 산 □가 죽은 □ □ 보다 낫기 때문이니라 (9:4)

· 개 **· 사 자**

18. 지혜자의 마음은 어느 편에 있으며 우매자의 마음은 어느편에 있습니까? (10:2)

· 지혜자의 마음 = **오른편(바른 길)**

· 우매자의 마음 = **왼 편(잘못된 길)**

19. 돈은 범사에 이용 되거니와 포도주는 무엇을 기쁘게 할까요? (10:19)

① 기분을 기쁘게 ② 마음을 기쁘게 ③ **생명을 기쁘게**

20. 심중이라도 왕을 저주하지 말며 침실에서라도 부자를 저주하지말라 왜 그럴까요? (10:20)

공중의 □ 가 그 소리를 전하고 날짐승이 그 일을 □ □ 할 것임이니라

· 새 **· 전 파**

문 제 다음 물음에 맞는 것은 ○표 틀린 것은 ×표 하세요

1. 만사를 성취하시는 하나님의 일을 네가 알 수 있느니라.(전 11:5)
(○, ×) ⇒ ×

2. 하나님이 이 모든 일로 인하여 너를 심판하실 줄 알라. (11:9)
(○, ×) ⇒ ○

3. 사람의 본분은 하나님을 경외하고 명령을 지키는 것이다. (12:13)
(○, ×) ⇒ ○

4. 하나님은 은밀한 일은 심판하지 아니하신다. (12:14)
(○, ×) ⇒ ×

5. 사람마다 먹고 마시는 것과 수고함으로 [행 복] 을 누리는 그것이 하나님의 [사 랑] 인 줄도 또한 알았도다 (3:13)

· 행복 = 낙 **· 사랑 = 선 물**

6. 너는 [사 람] 앞에서 함부로 입을 열지 말며 급한 마음으로 [화] 을 내지 말라 (5:2)

· 사람 = 하나님 **· 화 = 말**

7. 꿈이 많으면 [희 망] 들이 많아지고 [생 각] 이 많아도 그러하니 오직 너는 하나님을 경외할지니라 (5:7)

· 희망 = 헛된 것 **· 생각 = 말**

문 제　　퍼즐 채우기 게임

※ 가로의 힌트와 세로의 힌트를 참고하여 빈칸을 채워 넣으세요.

가로 열쇠

1. 물에서 건져냄(출 2:10)
2. 천사와 씨름하고 축복으로 받은 이름 (창 32:22)
3. 하나님의 얼굴(창 32:30)
4. 노아의 아버지(창 5:28)
5. 아브라함이 십일조를 드린 왕 (창 14:20)

세로 열쇠

6. 그리스도를 일컫는 돌 (벧전 2:6~7)
6. 나오미의 남편(룻 1:2)
7. 국가에 내는 돈(마 22:17)
8. 삼손의 애인(삿 16:4)
9. 이스라엘 예언자 중 가장 무시무시한 예언자(왕상 17:1~7)

정답

① 모세, 모퉁이돌　② 이스라엘　③ 브니엘　④ 라멕
⑤ 멜기세덱　⑥ 엘리멜렉　⑦ 세금　⑧ 들릴라　⑨ 엘리야

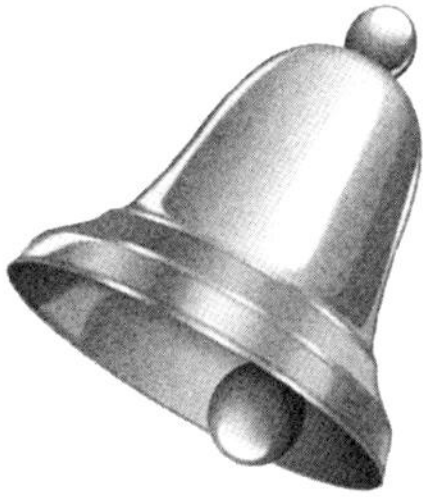

이사야

문 제 성경 문제를 듣고 답을 선택하세요

1. 이사야서는 이사야가 무엇에 대하여 본 이상을 기록하였습니까? (1:1)
   ① **유다와 예루살렘** ② 하늘 나라 ③ 심판에 관하여

2. 소는 그 임자를 알고 나귀는 주인의 구유를 알건마는 이스라엘은 누구를 알지 못합니까? (1:3)
   ① **창조주 하나님** ② 은혜를 ③ 사랑을

3. 너희의 죄가 주홍 같을지라도 □ 과 같이 희어질 것이요 진홍 같이 붉을지라도 □ □ 같이 희게 되리라 (1:18)

   · 눈 **· 양 털**

4. 너희는 (①)을 의지하지 말라 그의 (②)은 코에 있나니 셈할 가치가 어디 있느냐 (2:22)
   ① **인생** ② **호흡**

5. 그 날에 (①) 여자가 (②)를 붙잡고 말하기를 우리가 우리 (③)을 먹으며 우리 (④)을 입으리니 (4:1)
   ① **일곱** ② **한 남자** ③ **떡** ④ **옷**

6. 그들은 무엇으로 인하여 악인을 의롭게 하고 의인에게서 그 공의를 빼앗는도다. (5:23)

① 보물로 ② 권세로 ③ **뇌물로**

7. 관계 있는 것에 줄로 연결하세요. (6:2~9)

① 여섯 날개	·	ㄱ	그 영광이 온 땅에 충만 하도다
② 거룩하다 거룩하다	·	ㄴ	나는 입술이 부정한 사람이요
③ 화로 다 망하게 되었다	·	ㄷ	나를 보내소서
④ 내가 여기 있나이다	·	ㄹ	깨닫지 못할 것이요
⑤ 너희가 듣기는 들어도	·	ㅁ	둘로 얼굴, 둘로 발을 가리었고

답 ① - ㅁ, ② - ㄱ, ③ - ㄴ, ④ - ㄷ, ⑤ - ㄹ

8. 주께서 친히 징조를 너희에게 주실 것이라 보라 (①) 가 잉태하여 (②)을 낳을 것이요 그의 이름을 (③)이라 하리라 (7:14)

① **처녀** ② **아들** ③ **임마누엘**

9. 임마누엘의 뜻은 무슨 뜻입니까? (7:14)

( )

10. 한 아기가 우리에게 났고 한 아들을 우리에게 주신 바 되었는데 그 아기는 어떠한 사람인가요? (9:6)

① 그 어깨에는 ( ) 를 메었고 = 주권 지배자

② 그의 이름은 ( ) 라 = 기이하고 묘한 사람

③ ( ) 라 = 꾀를 잘내는 사람

④ 전능하신 (　　　　) 이라 = 창조주 유일신
⑤ 영존하시는 (　　　　) 라 = 웃어른
⑥ 평강의 (　　　　) 이라 = 평강의 근본

① **정사** ② **기묘자** ③ **모사** ④ **하나님** ⑤ **아버지** ⑥ **왕**

11. 여호와의 신은 어떤 신입니까? (11:2)
① **지혜와 총명의 신** ② **모략과 재능의 신**
③ **지식과 여호와를 경외하는 신**

12. 관계 있는 것에 줄로 연결하세요. (11:6~8)

① 이리가(6) ·		ㄱ 어린 사자와 살진 짐승이
② 표범이(6) ·		ㄴ 곰이 함께 먹으며
③ 송아지와(6) ·		ㄷ 소처럼 풀을 먹으며
④ 암소와(7) ·		ㄹ 어린 양과 함께 살며
⑤ 사자가(7) ·		ㅁ 어린 염소와 함께 누며
⑥ 젖 뗀 아이가(8) ·		ㅂ 독사의 굴에 손을

답 ① - ㄹ, ② - ㅁ, ③ - ㄱ, ④ - ㄴ, ⑤ - ㄷ, ⑥ - ㅂ

13. 하나님은 나의 (①) 이시라 내가 신뢰하고 (②)이 없으리니 주 여호와는 나의 (③) 이시며 나의 (④)시며 나의 구원이심이라 (12:2)
① **구원** ② **두려움** ③ **힘** ④ **노래**

14. 만군의 여호와께서 맹세하시기를 나의 생각하는 것과 나의 경영한 것이 반드시 어떻게 된다고 하셨습니까? (14:24)
① 응답 하리라 ② **이루리라** ③ 상달 하리라

15. 애굽에 관한 경고라 보라 여호와께서 □ □ 구름을 타고 애굽에 임하시리니 애굽의 □ □들이 그 앞에서 떨겠고 (19:1)

·빠 른 **·우 상**

16. 여호와께서 애굽을 치신 후 어떻게 하실까요? (19:22)

① 멸망 시킨다 ② 회개 시킨다 ③ **고치실 것이요**

17. 내가 또 다윗의 집의 (①) 를 그의 어깨에 두리니 그가 (②) 닫을 자가 없겠고 (③)면 열 자가 없으리라 (22:22)

① **열쇠** ② **열면** ③ **닫으**

18. 주 여호와께서 모든 얼굴에서 □ □ 을 씻기시며 자기 □ □ 의 수치를 온 천하에서 □ 하시리라 (25:8)

·눈 물 **·백 성** **·제**

19. 여호와여 그들이 환난 중에 주를 □ □ 하였사오며 주의 □ □ 이 그들에게 임할 때에 그들이 간절히 주께 □ □ 하였나이다 (26:16)

·앙 모 **·징 벌** **·기 도**

20. 리워야단은 무엇을 뜻합니까? (27:1)

① **꼬불꼬불한 뱀** ② 마귀 ③ 귀신

21. 그러므로 주 여호와께서 이같이 이르시되 보라 내가 한 돌을 시온에 두어 기초를 삼았노니 하셨는데 그 돌은 무슨 돌입니까? (28:16)

( )

22. 이 백성이 입으로는 나를 가까이 하며 입술로는 나를 존경하나 무엇이 멀리 떠났습니까? (29:13)

① 믿음 ② 진실한 사랑 ③ **마음**

23. 여호와의 힘을 얻을 자는 어떤 사람 입니까? (30:15)

① 돌이켜 안연히 처하며 ② **잠잠하고 신뢰하는 자** ③ 애쓰는 자

24. 여호와는 □ □ 의 하나님이심이라 그를 기다리는 자마다 □ 이 있도다 (30:18)

· 정 의 **· 복**

25. 여호와께서 지혜로우셔서 재앙을 내리시는데 어떤 집을 치십니까? (31:2)

① **악행하는 자의 집** ② 선한일을 행한 자 ③ 불순종하는집

26. 너희는 내 목소리를 들을찌어다 하셨는데 그 목소리는 무슨 소리 입니까? 맞는 말에 ○ 표 틀리 말에 × 표 하세요. (32:10)

① 1 년 남짓이 지나면 너희가 당황하며 ( ) = ○

② 포도수확이 없으며 ( ) = ○

③ 열매 거두는 기한이 이르지 않을 것이요 ( ) = ○

④ 심판날이 도적 같이 이르리니 ( ) = ×

27. 대저 여호와는 우리 (①) 이시요 여호와는 우리에게 (②)을 세우신 이요 여호와는 우리의 (③)이시니 그가 우리를 (④)하실 것임이라 (33:22)

① **재판장** ② **율법** ③ **왕** ④ **구원**

28. 여호와의 칼이 무엇하기 위하여 내리십니까? (34:5)

① 멸망하기 위하여 ② **심판할 것이요** ③ 죄악을 짜르기 위하여

29. 히스기야 왕 십사년에 쳐들어온 나라는 어느 나라입니까? (36:1)

① **앗수르** ② 바벨론 ③ 블레셋

30. 여호와의 사자가 앗수르 사람 몇 명을 죽였습니까? (37:36)

① 180,000 명 ② **185,000 명** ③ 190,000 명

31. 히스기야 왕에게 죽음을 선포한 선지자는 누구입니까? (38:1)

① 예레미야 ② 아모스 ③ **이사야**

32. 히스기야에게 무슨 유언을 하였습니까? (38:1)

( )

33. 관계 있는 것에 줄로 연결하세요. (38:2~6)

① 히스기야가 얼굴을 벽으로 향하고	·	ㄱ	심히 통곡하니
② 주의 목전에서 선행을 기억하옵소서	·	ㄴ	보았노라
③ 내가 네 기도를	·	ㄷ	십오년을 더하고
④ 네 눈물을	·	ㄹ	건져 내겠고
⑤ 내가 네 수한에	·	ㅁ	들었고
⑥ 이 성을 앗수르 왕의 손에서	·	ㅂ	여호와께 기도하여

답 ① - ㅂ, ② - ㄱ, ③ - ㅁ, ④ - ㄴ, ⑤ - ㄷ, ⑥ - ㄹ

34. 히스기야의 병이 어떻게 나았습니까? (38:21)

① 약을 바르니 ② 안수하니 ③ **무화과를 상처에 붙이니**

35. 풀은 (①) 꽃은 (②)우리 하나님의 (③)은 영원히 서리라 하라 (40:8)

① **마르고** ② **시드나** ③ **말씀**

36. 관계 있는 것에 줄로 연결하세요. (40:29~31)

① 피곤한 자에게는	·	ㄱ	새 힘을 얻으리니
② 무능한 자에게는	·	ㄴ	올라감 같을 것이요
③ 여호와를 앙망하는자는	·	ㄷ	곤비하지 아니 하겠고
④ 독수리가 날개치며	·	ㄹ	힘을 더하시나니
⑤ 달음박질 하여도	·	ㅁ	능력을 주시며
⑥ 걸어가도	·	ㅂ	피곤치 아니 하리라

답 ① - ㅁ, ② - ㄹ, ③ - ㄱ, ④ - ㄴ, ⑤ - ㄷ, ⑥ - ㅂ

37. 하나님은 어떤 자를 물리치며 크게 수치를 당하게 하실까요? (42:17)

① **조각한 우상을 의지하는 자** ② 저주를 말하는 자 ③ 기도하는 자

38. 너는 (①) 하지 말라 내가 너를 (②)하였고 내가 너를 지명하여 불렀나니 너는 (③)이라 (43:1)

① **두려워** ② **구속** ③ **내 것**

39. 우상을 만드는 자는 어떻게 될까요? (44:9)

① 복을 받는다 ② 심판을 받는다 ③ **수치를 당한다**

40. 관계 있는 것에 줄로 연결하세요. (사 41:10)

① 두려워 말라	·	ㄱ	나는 네 하나님이 됨이니라
② 놀라지 말라	·	ㄴ	참으로 도와주리라
③ 내가 너를 굳세게 하리라	·	ㄷ	너를 붙들리라
④ 나의 의로운 오른 손으로	·	ㄹ	내가 너와 함께 함이니라

답 ① - ㄹ, ② - ㄷ, ③ - ㄱ, ④ - ㄴ

41. 하나님은 칭호에 대해 다 말하 보세요. (45:4~7)

① 나 외에 다른 신이 없다.(5)

② 해 뜨는 곳이나 지는 곳에서든지 다른 이가 없다.(6)

③ 나도 빛도 짓고 어두움도 창조하신 신(7)

④ 나는 평안도 짓고 환난도 창조하신 신(7)

42. 너희 패역한 자들아 이 일을 기억하고 무엇이 되라고 하였습니까? (46:8)

① 의인 ② **장부** ③ 믿음의 용사

문 제	다음 물음에 맞는 것은 ○표 틀린 것은 ×표 하세요

1. 한 날에 갑자기 자녀를 잃으며 과부가 되는 이 두 가지 일이 네게 임할 것이라. (사 47:9) (○, ×) ⇒ ○

2. 여호와께서 말씀하시되 악인에게는 평강이 있다 하셨느니라. (48:22) (○, ×) ⇒ ×

3. 여인이 어찌 그 젖 먹는 자식을 잊겠으며 자기 태에서 난 아들을 긍휼히 여기지 않겠느냐 (49:15) (○, ×) ⇒ ○

4. 아브라함이 혼자 있을 때에 내가 그를 부르고 그에게 복을 주어 창성하게 하였느니라. (51:2) (○, ×) ⇒ ○

5. 우리는 생각하기를 그는 징벌을 받아 하나님께 맞으며 고난을 당한다 하였노라. (53:4) (○, ×) ⇒ ×

6. 관계 있는 것에 줄로 연결하세요. (사 53:5)

① 그가 찔림은	·	ㄱ	우리가 평화를 누리고
② 그가 상함은	·	ㄴ	우리의 허물을 인함이요
③ 징계를 받음으로	·	ㄷ	우리가 나음을 입었나니
④ 채찍에 맞음으로	·	ㄹ	우리의 죄악을 인함이요

답 ① - ㄴ, ② - ㄹ, ③ - ㄱ, ④ - ㄷ

7. 누구에게 노래를 하라고 말씀하셨습니까? (54:1)

(①) 하지 못하며 (②)하지 못한 너는 노래할지어다 (③)를 겪지 못한 너는 외쳐 노래할지어다

① **잉태** ② **출산** ③ **산고**

8. 너희 모든 (①) 자들아 물로 (②) 돈 (③) 도 오라 너희는 와서 (④) 돈 없이, (⑤) 없이 (⑥)와 젖을 사라 (55:1)

① **목마른** ② **나아오라** ③ **없는자**

④ **사 먹되** ⑤ **값** ⑥ **포도주**

9. 너희는 귀를 기울이고 내게 나아와 들으라 그리하면 무엇이 살리라고 하셨습니까? (55:3)

① 생명이 ② 말씀이 ③ **영혼이**

10. 내 집은 만민이 무엇하는 집이라고 하였습니까? (56:7)

① 예배하는집 ② 친교하는집 ③ **기도하는 집**

11. 악인에게는 무엇이 없다고 말씀하셨습니까? (57:21)

① 소망 ② **평강** ③ 하늘나라

12. 나의 기뻐하는 금식은 무엇을 풀어주며 응답하십니까? (58:6)

해당되는 것에 ○표 하세요.

흉악의 결박을 풀어주며 ( ) = ○

멍에의 줄을 끊어주며 ( ) = ○

압제 당하는 자를 자유케하며 ( ) = ○

모든 멍에를 꺽으며 ( ) = ○

만사 형통하며 ( ) = ×

13. 안식일에 무엇을 금하라고 말씀하셨습니까? ○표 하세요. (58:13)

오락을 행치 아니하며 ( ) = ○

네 길을 행치 아니하며 ( ) = ○

네 오락을 구치 아니하며 ( ) = ○

사사로운 말을 하지 아니하며 ( ) = ○

예배를 드리지 아니하며 ( ) = ×

14. 여호와의 손이 짧아 구원치 못하심도 아니요. 귀가 둔하여 듣지 못하심도 아니라 무엇이 가로 막고 있을까요? (59:1~2)

① **죄악** ② 허물 ③ 불신앙

15. 일어나 무엇을 발하라고 하셨습니까? (60:1)

① 복음을 ② **빛** ③ 찬송을

16. 우리는 진흙이요 주님은 무엇이라고 하였습니까? (64:8)

① 농부 ② 창조주

③ **토기장이** ④ 주인

17. 새하늘과 새 땅을 창조하시는데 그때 그 모습을 말해 보세요.
(65:24~25 참조)

(　　　　　　　　　　　　　　　　　　　　　　　　　　　)

(　　　　　　　　　　　　　　　　　　　　　　　　　　　)

18. 여호와께서 어떻게 강림하신다고 하셨습니까? (66:15)

① 구름을 타고　② **불에 둘러 쌓여**　③ 빛과 함께 오신다

19. 여호와께서 무엇으로 심판하신다고 하셨습니까? (66:16)

① **불과 칼**　② 물과 홍수　③ 핵 무기로

20. 주님 오시는 날 무엇이 이루어질까요? (66:22)

(　　　　　　　　　　　　　　　　　　　　　　　　　　　)

예레미야

문 제 성경 문제를 듣고 답을 선택하세요

1. 예레미야의 부친 (아버지)은 누구입니까? (렘 1:1)

   ① 요시야   ② 시드기야   ③ **힐기야**

2. 여호와께서 예레미야를 언제부터 알았습니까? (1:4~5)

   ① 창조전부터   ② **복중에 짓기 전**   ③ 태에서 나오기 전

3. 예레미야가 여호와의 부르심을 받을 때 무엇이라고 하였습니까? (1:6)

   ① **나는 아이라 말할 줄을 알지 못함**   ② 입술이 둔합니다

4. 내 백성이 두 가지 악을 행하였나니 무슨 악입니까? (2:13)

   ① **생수의 근원되는 나를 버린 것**   ② **스스로 웅덩이를 판 것**

5. 많은 무리가 행음하므로 무슨 재앙이 내렸습니까? (3:3)

   ① 질병이 내림   ② 멸망을 시킴

   ③ 우갑이 내림   ④ **단비가 그치고 늦은 비가 없어짐**

6. 나 여호와께 속하라 그리하지 아니하면 너희 □ □ 으로 말미암아 나의 □ □ 가 불 같이 일어나 사르리니 그것을 끌 자가 없으리라 (4:4)

· 악 행 **· 분노**

7. 예루살렘아 네 마음의 악을 씻어 버리라 그리하면 무엇을 얻으리라 하였습니까? (4:14)

① 복을 받으리라 ② 평강이 있으리라 ③ **구원을 얻으리라**

8. 허물이 많고 반역이 심하므로 어떠한 일이 있을까요? 관계 있는 것에 줄로 연결하세요. (5:6)

① 수풀에서 나오는 사자가 ·		ㄱ 그들을 멸하며
② 사막의 이리가 ·		ㄴ 찢기 리니
③ 표범이 성읍들을 엿본 즉 ·		ㄷ 그들을 죽이며

답 ① - ㄷ, ② - ㄱ, ③ - ㄴ

9. 예루살렘 거민들의 악이 무엇과 같이 나타난다고 하였습니까? (6:7)

① **샘물이 솟아오르는 것 같이** ② 홍수와 같이 ③ 구름떼와 같이

10. 하나님이 이스라엘의 악을 인하여 하지 말라고 말한 것이 아닌것은 무엇인가? (7:16)

① 기도하지 말라 ② 부르짖지 말라 ③ **간구하라**

11. 선지자와 제사장들이 무슨 죄를 범하였습니까? (8:10)

① 도적질을 함 ② 음난 죄를 범함 ③ **거짓을 행함**

12. 너희는 각기 이웃을 (①) 하며 어떤 (②) 든지 믿지 말라 형제마다 완전히 (③) 이웃마다 다니며 (④) 함이라 (9:4)

① **조심** ② **형제** ③ **속이며** ④ **비방**

13. 너희는 이같이 그들에게 이르기를 천지를 짓지 아니한 신들은 땅 위에서, 이 하늘 아래서 어떻게 될까요? (10:11)

① 없어진다 ② **망하리라** ③ 지옥에 들어간다

14. 조각한 신상이나 손으로 만든 우상은 어떠한 것입니까? 맞는것에 ○ 하세요. (10:14~15)

① 진짜요	( )	=	×
② 그 속에 생기가 없으며	( )	=	○
③ 참 된 것이요	( )	=	×
④ 망령되이 만든 것	( )	=	○
⑤ 영원할 것이다	( )	=	×

15. 내가 이르기를 너희는 내 (①) 를 순종하고 나의 모든 (②) 을 따라 행하라 그리하면 너희는 내 (③)이 되겠고 나는 너희의 하나님이 되리라 (11:4)

① **목소리** ② **명령** ③ **백성**

16. 이스라엘을 멸망시킨 열국들은 장차 어떻게 할 것이라고 하였습니까? (12:14)

① 내 백성중에 두리라 ② 긍휼히 여김을 받는다 ③ **뽑아 버린다**

17. 어찌하여 이런 일이 내게 닥쳤는고 하겠으나 네 죄악이 크므로 네 □ □ 가 들리고 네 □ □ □ □ 가 □ 함이니라 (13:22)

· 치 마　　　· 발 뒤꿈치　　　· 상

18. 그들이 어그러진 길을 사랑하여 그 발을 멈추지 아니하므로 그들의 죄를 기억하고 어떻게 하신다고 하셨습니까? 줄로 연결하세요. (14:10~12)

① 이 백성을 위하여	·	ㄱ 듣지 아니 하겠고
② 금식 할지라도	·	ㄴ 멸 하리라
③ 번제와 소제를 드려도	·	ㄷ 복을 구하지 말라
④ 칼과 기근과 전염병으로	·	ㄹ 받지 아니 하시고

답 ① - ㄷ, ② - ㄱ, ③ - ㄹ, ④ - ㄴ

19. 여호와께서 내게 이르시되 (①)와 (②)이 내 앞에 섰다 할지라도 내 마음은 이 (③)을 향할 수 없나니 그들을 내 앞에서 쫓아 내보내라 (15:1)

① **모세**　② **사무엘**　③ **백성**

20. 만물보다 거짓되고 심히 부패한 것은 무엇입니까? (17:9)

① 입술　② 악한 행실　③ **마음**

21. "이스라엘 족속아 진흙이 토지장이의 손에 있음 같이" 라고 말씀하셨는데 이 토기장이는 누구를 뜻합니까? (18:6)

① 토기기술자　② 제사장　③ **하나님**

22. 시드기야왕이 바벨론 왕 느브갓네살의 공격을 받고 예레미야에게 기도로 요청할 때 보낸 사람은 누구입니까? (21:1)

① **바스훌과 스바냐** ② 아히감

③ 바락 ④ 이사야

23. 너희는 누구를 위하여 울지말며 누구를 위하여 슬피 울라고 하였습니까? (22:10)

· **죽은자를 위하여 울지 말고** · **잡혀간 자를 위하여 슬피 울라**

24. 하나님은 누구를 치신다고 하셨습니까? (23:30)

① 거짓된 선지자 ② **내말을 도적질하는 선지자**

③ 적그리스도 ④ 이방 왕

25. 예레미야의 예언 중 두 광주리의 뜻은 무엇을 말합니까? (24:1~10)

① **유다와 바벨론** ② 앗수르

③ 블레셋 ④ 애굽과 미디안

26. 유다 왕국을 정복한 바벨론은 70년 후에는 어떻게 되리라고 하였습니까? (25:12)

① **죄악으로 영원히 폐허가 되게하며** ② 앗수르의 속국이 되리라

③ 가장 큰 통일국가가 되리라

27. 네가 여호와께 패역하는 말을 하였음으로 금년에 죽으리라 하였는데 선지자 하나냐가 어떻게 되었습니까? (28:16~17)

① 장수하더라 ② **그해 칠 월에 죽음** ③ 병이 들었음

28. 너희가 내게 (　①　) 내게 와서 (　②　)하면 내가 너희들의 기도를 들을 것이요 (29:12)

① **부르짖으며**　② **기도**

29. 여호와의 노여움이 일어나면 어떻게 치십니까? (30:23)

폭풍과 □ □ □ □ □ 처럼 악인의 □ □ 위에서 회오리칠 것이라

· **회오리 바람**　　· **머 리**

30. 바벨론이 예루살렘을 포위한 때 예레미야는 무슨 예언을 하였습니까? (32:3)

① **이 성을 바벨론 왕의 손에 붙이리니**　② 유다 왕국이 멸망한다

③ 바벨론은 멸망하리라

31. 예레미야가 아직 시위대 뜰에 갇혔을 때 여호와께서 무엇이라고 말씀하셨습니까? (33:3)

너는 내게 □ □ □ □ □ 내가 네게 □ □ 하겠고 네가 알지 못하는 크고 □ □ 한 일을 네게 보이리라

· **부르짖으라**　　· **응 답**　　· **은 밀**

32. 예레미야는 시드기야 왕의 최후가 어떠할 것이라고 예언하였습니까? (34:4)

① **편안히 죽으리라**　② 칼에 맞아 죽는다　③ 병들어 죽는다

33. 절제 생활의 본을 보여준 족속은 어느 족속입니까? (35:2~10)

① 시므온 족속　② **레갑 족속**

③ 히위 족속　④ 도갈마 족속

34. 예레미야의 말을 기록한 사람은 누구이며 어디에다 기록하였습니까? (36:4)

① 레갑 ② **바룩이 두루마리에 기록** ③ 아히야가 기록

35. 예레미야는 예루살렘이 함락되기까지 어디에 머물렀습니까? (18:28)

( )

36. 느브갓네살 왕은 예레미야를 어떻게 하였습니까? (39:12)

① 감금하였다 ② **해하지 말고 선대하였다** ③ 죽였다

37. 예루살렘이 바벨론에게 함락된 후에 누가 유다 성읍들의 총독으로 임명 받았습니까? (40:5)

① **그다랴** ② 아리야 ③ 느부사라단

38. 이 예언의 책을 다 읽은 후 어떻게 하라고 하였습니까? (51:63)

① **책에 돌을 메어 유뷰라데 강 속에 던지라** ② 영구 보관하라

문 제 관계성이 있는 말에 줄로 연결하세요

① 1 계명 ·	ㄱ 부모공경
② 2 계명 ·	ㄴ 탐내지 말라
③ 3 계명 ·	ㄷ 안식일 거룩
④ 4 계명 ·	ㄹ 간음하지 말라
⑤ 5 계명 ·	ㅁ 거짓증거 말라
⑥ 6 계명 ·	ㅂ 다른신을 섬기지 말라
⑦ 7 계명 ·	ㅅ 도적질하지 말라
⑧ 8 계명 ·	ㅇ 우상을 섬기지 말라
⑨ 9 계명 ·	ㅈ 살인하지 말라
⑩ 10 계명 ·	ㅊ 여호와의 이름을 망령되이 일컫지 말라

답 ① - ㅂ, ② - ㅇ, ③ - ㅊ, ④ - ㄷ, ⑤ - ㄱ,
⑥ - ㅈ, ⑦ - ㄹ, ⑧ - ㅅ, ⑨ - ㅁ, ⑩ - ㄴ

문 제 구약인물 중 관계성이 있는 것에 줄로 연결하세요

① 모 세 ·	ㄱ 정탐꾼을 도와준 여인
② 삼 손 ·	ㄴ 모압여인
③ 갈 렙 ·	ㄷ 물에서 건져냄
④ 라 합 ·	ㄹ 죽으면 죽으리다
⑤ 룻 ·	ㅁ 머리카락이 잘림
⑥ 에스더 ·	ㅂ 헤브론 땅을 요구함

답 ① - ㄷ, ② - ㅁ, ③ - ㅂ, ④ - ㄱ, ⑤ - ㄴ, ⑥ - ㄹ

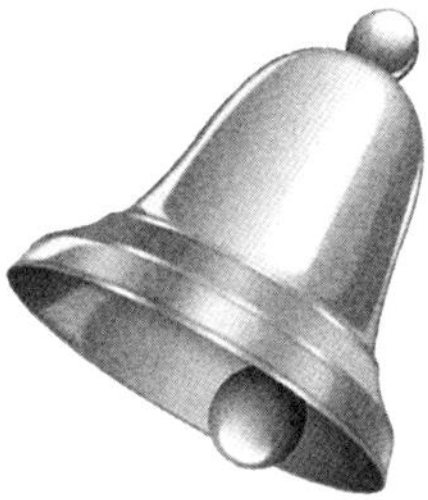

다니엘

문 제 성경 문제를 듣고 답을 선택하세요

1. 다니엘은 바벨론 왕궁에 있으면서 어떤 뜻을 정하였나? (1:8)
   ① 기도하는 뜻 ② **자신을 더럽히지 않는 뜻** ③ 순종의 뜻

2. 다니엘은 열흘동안 채식을 먹은 결과는 어떻하였습니까? (1:15)
   ① **얼굴이 아름답고 더욱 윤택** ② 영양 실조 ③ 건강이 악화

3. 느부갓네살왕의 꿈을 누가 해석을 하였습니까? (2:16)
   ① 바벨론 박사들 ② 갈대아 술사 ③ **다니엘**

4. 왕이 꿈에 본 우상과 관계 있는 것에 줄로 연결하세요. (2:32~34)

① 우상의 머리는 ·	ㄱ 은이요
② 가슴과 두 팔 ·	ㄴ 철이요
③ 배와 넓적다리 ·	ㄷ 진흙이요
④ 종아리와 발 ·	ㄹ 순금이요
⑤ 발의 얼마는 ·	ㅁ 쇠요

답 ① - ㄹ, ② - ㄱ, ③ - ㅁ, ④ - ㄴ, ⑤ - ㄷ

5. 느브갓네살왕이 만든 금신상에 모든 악기 소리를 들을때에 어떻게 하라고 하였습니까? (3:5)

① 노래하라 ② 두손을 높이 들어라 ③ **절을 하라**

6. 금신상에게 절하지 아니하면 어떻게 한다고 하였습니까? (3:11)

① 사형 한다 ② 감옥에 들어간다 ③ **풀무 불에 던지다**

7. 칠 배나 뜨거운 불에 세 사람을 넣었는데 불속에는 몇 사람이 있었습니까? (3:25)

① 세 사람 ② **네 사람** ③ 다섯 사람 ④ 한 사람

8. 느부갓네살왕이 두 번째 꾼 꿈은 무슨 꿈입니까? (4:10~12)

① 짐승의꿈 ② **큰 나무** ③ 무서운꿈

9. 벨사살왕이 큰 잔치를 베풀며 술을 마시는데 석회벽에 무엇이 나타났습니까? (5:5)

① 짐승의 모양 ② 사자의 모양 ③ **사람의 손가락**

10. 다리오왕에게는 총리 셋이 있습니다. 그 중에 한 사람이 다니엘인데 다른 총리들이 왜 다니엘을 고소할려고 하였을까요? (6:4)

( )

11. 다니엘은 죄도 없이 억울하게 사자굴에 들어갔습니다. 사자가 어떻게 되었습니까? (6:22)

① 다니엘을 죽였다 ② **사자의 입을 봉하였다** ③ 벌벌 떨었다

12. 벨사살 원년에 다니엘이 꿈을 꾸었는데 그 꿈은 무슨 꿈입니까? (7:2~3)

① **큰 짐승 넷** ② 곰의 꿈 ③ 독수리

13. 다니엘이 이스라엘 회복을 위해 금식하며 기도할 때에 누가 와서 그에게 지혜와 총명을 주었습니까? (9:21)

① **가브리엘** ② 하나님 ③ 루시퍼

14. 다니엘이 이상 중에 본 사람의 모습을 말해 보세요. (10:5~6)

한 사람이 (①) 옷을 입었고 허리에는 우바스 (②) 를 띠었더라 또 그의 몸은 (③) 같고 그의 얼굴은 (④) 같고 그의 눈은 (⑤) 같고 그의 팔과 발은 빛난 (⑥) 과 같고 그의 말 소리는 무리의 (⑦) 와 같더라

① **세마포** ② **순금 띠** ③ **황옥** ④ **번개빛**
⑤ **횃불** ⑥ **놋** ⑦ **소리**

15. 큰 환난 때에 이스라엘 민족을 호위하는 대군은 누구입니까? (12:1)

① 이스라엘 족속 ② **미가엘** ③ 구원받은 사람들

16. 다니엘아 마지막 때까지 이 말을 (①) 하고 이 글을 봉함하라 많은 사람이 (②) 왕래하며 (③)이 더하리라 (12:4)

① **간수** ② **빨리** ③ **지식**

문 제 관계성이 있는 것들과 2번 연결하세요

① 천국	1 창 22:4	ㄱ 자기소유
② 바나바	2 눅 15:4	ㄴ 권위자
③ 시내산	3 눅 21:4	ㄷ 누룩씨 보물
④ 요셉	4 마 13;24	ㄹ 보디발
⑤ 베개	5 마 25:14	ㅁ 생활비 전부
⑥ 여호와 이레	6 마 25:1	ㅂ 거룩한 산
⑦ 소금 기둥	7 마 16:4	ㅅ 등
⑧ 요나	8 창 19;26	ㅇ 벧엘
⑨ 열처녀	9 창 28:18	ㅈ 표적
⑩ 선한목자	10 출 19:23	ㅊ 양 한 마리
⑪ 과부	11 창 39:1	ㅋ 롯의 아내
⑫ 여행떠나는주인	12 행 4:36	ㅌ 준비 하시다
⑬ 노아	13 욥 42:10	ㅍ 물고기 뱃속
⑭ 의로운 욥	14 욘 2:1	ㅎ 갑절의 복
⑮ 요나	15 창 6:9	ㄲ 의인

답 ① - 4 - ㄷ, ② - 12 - ㄴ, ③ - 10 - ㅂ, ④ - 11 - ㄹ
⑤ - 9 - ㅇ, ⑥ - 1 - ㅌ, ⑦ - 8 - ㅋ, ⑧ - 7 - ㅈ
⑨ - 6 - ㅅ, ⑩ - 2 - ㅊ, ⑪ - 3 - ㅁ, ⑫ - 5 - ㄱ
⑬ - 15 - ㄲ, ⑭ - 13 - ㅎ, ⑮ - 14 - ㅍ

소선지서 12권

호세아~말라기

문 제 성경 문제를 듣고 답을 선택하세요

[호세아]

1. 호세아 선지자가 활동하던 시기에 북 이스라엘의 왕은? (1:1)

   ① 나답 ② **여로보암** ③ 아하시야

2. 고멜의 아들들의 이름은 무엇인가? (1:4, 6, 9)

   (, ,)

   · 이스르엘 **· 로루하마** **· 로암미**

3. 관계 있는 것에 줄로 연결하세요. (2:1~13)

① 형제(1)	·	ㄱ 명절
② 자매(1)	·	ㄴ 암미
③ 절기, 월삭, 안식일(11)	·	ㄷ 벌받음
④ 바알들(13)	·	ㄹ 루하마

①-ㄴ, ②-ㄹ, ③-ㄱ, ④-ㄷ

4. 하나님의 백성이 망하는 이유는 무엇인가? (4:6)

① 어리석어서 ② 간사해서 ③ **지식이 없어서**

5. 무엇 때문에 하나님을 향한 마음을 빼앗기는가? (4:11)

(, ,)

· 음행 **· 묵은 포도주** **· 새 포도주**

6. 나는 □ □를 원하고 □ □를 원하지 아니하며 □ □보다 하나님을 아는 것을 원하노라 (6:6)

· 인애 **· 제사** **· 번제**

7. (①)을 네 입에 댈지어다 (②)가 독수리처럼 여호와의 집에 덮치리니 이는 그들이 내 (③)을 어기며 내 율법을 범함이로다 (8:1)

① **나팔** ② **원수** ③ **언약**

8. 관계 있는 것에 줄로 연결하세요. (10:1~14)

① 포도나무(1) ·		ㄱ 멍에를 맴
② 두 마음(2) ·		ㄴ 영광이 떠나감
③ 제사장(5) ·		ㄷ 기경함
④ 암소(11) ·		ㄹ 인애를 거둠
⑤ 묵은 땅(12) ·		ㅁ 무성함
⑥ 공의(12) ·		ㅂ 벌을 받음

답 ① - ㅁ, ② - ㅂ, ③ - ㄴ, ④ - ㄱ, ⑤ - ㄷ, ⑥ - ㄹ

9. 그런즉 너의 하나님께로 돌아와서 (　　　)와 (　　　)를 지키며 항상 너의 하나님을 바랄지니라 (12:6)

· **인애**　　· **정의**

11. 하나님이 이스라엘에 대하여 표현한 것중 다른 한가지는? (14:5)

① 이슬　② **가시나무**

③ 백향목　④ 백합화

[요엘]

1. (　①　)가 남긴 것을 (　②　)가 먹고 메뚜기가 남긴 것을 (　③　)가 먹고 느치가 남긴 것을 (　④　)이 먹었도다 (1:4)

① **팥중이**　② **메뚜기**　③ **느치**　④ **황충**

2. 심판의 날인 여호와의 날에 취해야 할 행동이 아닌것은? (1:14)

① **즐거이 찬양함**　② 금식일을 정함

③ 성회를 소집함　④ 성전으로 모임

3. 여호와의 날이 다가올 때 나타나는 현상은?. (2:2)

① 어둡고 캄캄한 날　② 짙은 구름이 덮인 날

③ 새벽 빛이 산 꼭대기에 덮인 날

4. 요엘 2:28~32절에 앞으로 일어날 일에 해당되는 것에 ○ 하세요.

① 영이 개인에게 부어짐(28) ( ) = ×
② 장래일을 말함(28) ( ) = ○
③ 꿈과 이상을 봄(28) ( ) = ○
④ 땅이 회복됨(29) ( ) = ×

[아모스]

1. 아모스는 어느 지역 출신의 선지자인가? (1:1)

① 벧엘 ② **드고아** ③ 베들헤헴

2. 서너 가지 죄로 말미암아 벌을 받는 나라가 아닌 것은? (1장)

① 다메섹(1:3) ② 가사(1:6) ③ 두로(1:9) ④ **소돔**

3. 여호와께서 자신의 비밀을 행하실 때 반드시 누구에게 알려주시나? (3:7)

① 제사장 ② **선지자** ③ 서기관 ④ 이스라엘 백성

4. 하나님이 이스라엘 백성에게 요구하시는 것은? (5:24)

오직 □ □를 물 같이, □ □를 마르지 않는 강 같이 흐르게 할지어다

· **정의** · **공의**

5. 서로 해당되는 것끼리 연결하세요. (6:4~5)

① 상아 상에(4)	·	ㄱ	노래를 지절거리며
② 짐승 우리에서(4)	·	ㄴ	악기를 제조하며
③ 비파 소리에(5)	·	ㄷ	누우며
④ 다윗처럼(5)	·	ㄹ	송아지를 잡아서 먹고

답 ① - ㄷ, ② - ㄹ, ③ - ㄱ, ④ - ㄴ

6. 아모스가 여로보암 왕의 죽음을 예언하자 고발한 벧엘의 제사장은? (7:10~11)

① **아마샤** ② 아사랴 ③ 아비멜렉 ④ 사가랴

7. 하나님이 아모스에게 보여주신 여름 과일 한 광주리의 의미는? (8:2)

① 풍성한 열매를 맺음 ② **이스라엘의 심판** ③ 이스라엘의 회복

8. 하나님이 이스라엘 백성들에게 보내신다는 기근이 의미하는 것은? (8:11)

① 식량이 없음 ② 전염병을 보냄 ③ **말씀을 들을수 없음**

9. 빈칸을 채워 넣으세요. (9:13)

여호와의 말씀이니라 보라 날이 이를지라 그 때에 (　　)하는 자가 곡식 추수하는 자의 뒤를 이으며 (　　)를 밟는 자가 씨 뿌리는 자의 뒤를 이으며 산들은 (　　　)를 흘리며 작은 산들은 녹으리라

· 파종 **· 포도** **· 단 포도주**

[오바댜]

1. 오바댜 선지자는 어디에 대하여 예언한 선지자인가? (1)

   ① 모압　② **에돔**　③ 암몬　④ 두로

2. 에돔 족속이 하나님의 심판으로 멸망 당하는 이유는 무엇인가? (10, 12)

   (　　　　　　　　　　　　　　　　　　　　　　　　　)

   · 형제 야곱에게 행한 포악과 방관으로 인해

3. 괄호 안에 해당되는 번호를 넣으세요. (18)

   야곱 족속은 (　　　　)이 될 것이며 요셉 족속은 (　　　　)이 될 것이요 에서 족속은 (　　　　　)가 될 것이라 그들이 그들 위에 붙어서 그들을 불사를 것인즉 에서 족속에 남은 자가 없으리니 여호와께서 말씀하셨음이라

   ① **지푸라기**　② **불**　③ **불꽃**

[요나]

1. 여호와께서 요나에게 어디로 가서 외치라고 하였습니까? (1:2)

   ① **니느웨**　② 로마

   ③ 예루살렘　④ 두로

2. 요나는 여호와의 얼굴을 피하여 어디로 갔습니까? (1:3)

① 이달리야　② 니느웨　③ **다시스**

3. 요나는 다시스로 도망 가다가 무슨 일이 일어났습니까? (1:4)

① 홍수가 일어났다　② 폭우가 쏟아졌다　③ **큰 폭풍이 일어났다**

4. 사공들이 요나를 어떻게 하였습니까? (1:12)

① 가두웠다　② 구타 하였다　③ **바다에 던졌다**

5. 요나는 물고기 뱃속에서 얼마나 있었습니까? (1:17)

① **밤낮 삼 일**　② 이틀　③ 사 일

6. 요나는 물고기 뱃속에서 어떻게 하였습니까? (2:2)

① 녹아 죽었다　② 대성통곡 하였다　③ **부르 짖었다**

7. 여호와께서 물고기에게 무슨 명령을 내리었습니까? (2:10)

① **요나를 육지에 토하니라**　② 삼켜 먹어라　③ 그대로 있어라

8. 요나는 물고기 뱃속에서 나와 어떻게 하였습니까? (3:3)

요나가 여호와의 □ □ 대로 일어나서 □ □ □ 로 가니라

· **말 씀**　　　· **니 느 웨**

9. 요나는 니느웨에 가서 무엇을 하였습니까? (3:4)

(　　　　　　　　　　　　　　　　　　　　　　　　　　)

· **하루 동안 다니며 니느웨가 무너질것이라고 외침**

10. 니느웨 사람들은 요나의 말씀을 듣고 어떻게 하였습니까? (3:5)

① 하나님을 저주했다 ② **금식을 선포했다** ③ 비웃었다

11. 요나가 성냄이 합당치 않은 것을 무엇을 통해 깨닫게 하였습니까? (4:9)

( )

12. 니느웨는 좌우를 분별치 못한 자가 몇 명이 있습니까? (4:11)

① 십만 명 ② 십일만 명

③ **십이만여 명** ④ 십사만 명

[미가]

1. 이는 다 (①)의 허물로 말미암음이요 (②)의 죄로 말미암음이라 야곱의 허물이 무엇이냐 사마리아가 아니냐 유다의 산당이 무엇이냐 예루살렘이 아니냐 (1:5)

① **야곱** ② **이스라엘**

2. 그들이 (①)에서 죄를 꾀하며 (②)을 꾸미고 날이 밝으면 그 손에 힘이 있으므로 그것을 행하는 자는 화 있을진저 (2:1)

① **침상** ② **악**

문 제	성경을 바르게 읽고 빨리 읽는 퀴즈 게임

★ 남 · 여 그룹 대항전 ★

남 · 여 대표 각 3명 출전

* 이 퀴즈게임은 성경을 정확하게 정독하는 것을 가르치기 위한 것입니다. 계시록 1:3절에 보면 이 예언의 말씀을 읽는자와 듣는자들과 그 가운데 기록한 것을 지키는 자들이 복이 있다고 말씀하셨습니다. 성경 한자 한자를 정확하게 빠르게 정독해야 한다.

▩ 남자 그룹

* 같은 내용을 누가 더 빨리, 정확하게 읽는가를 기준으로 함

1. 미가 4장 1절에서 5절 까지 바르게 빨리 읽는다.
    * 틀리면 실격, 다음 사람이 읽는다.
    * 정확한 발음, 시간을 본다.

시 - 작 ....　　　　끝나면 여자 그룹이 한다.

□ 여자 그룹

2. 미가 4장 1절에서 5절 까지 바르게 빨리 읽는다.
    * 틀리면 실격, 다음 사람이 읽는다.
    * 정확한 발음, 시간을 본다.

시 - 작 ....

* 정확하게 빨리 읽는 그룹이 승리한다.

문 제　관계성이 있는 말에 줄로 연결하세요

(미가 5:1~13)

① 베들레헴(2) ・　　ㄱ 많은 백성
② 일곱 목자(5) ・　　ㄴ 에브라다
③ 남은 자(8) ・　　ㄷ 점쟁이
④ 복술(12) ・　　ㄹ 손으로 만듬
⑤ 새긴우상(13) ・　　ㅁ 여덟 군왕

답 ① - ㄴ, ② - ㅁ, ③ - ㄱ, ④ - ㄷ, ⑤ - ㄹ

(미가 6:1~16)

① 애굽 땅(4) ・　　ㄱ 브올의 아들 발람
② 모압 왕 발락(5) ・　　ㄴ 일년 된 송아지
③ 번제물(6) ・　　ㄷ 불의한 재물
④ 악인의 집(10) ・　　ㄹ 모세, 아론, 미리암
⑤ 아합(16) ・　　ㅁ 오므리의 율례

답 ① - ㄹ, ② - ㄱ, ③ - ㄴ, ④ - ㄷ, ⑤ - ㅁ

(미가 7:1~18)

① 여름 과일(1) ・　　ㄱ 집안 사람
② 원수(6) ・　　ㄴ 기업의 양떼
③ 주의 지팡이(14) ・　　ㄷ 무화과
④ 남은 자(18) ・　　ㄹ 허물을 사하심

답 ① - ㄷ, ② - ㄱ, ③ - ㄴ, ④ - ㄹ

[나훔]

1. 나훔 선지자는 어디에 대하여 예언한 선지자인가? (1:1)

   ① 애굽 ② **니느웨** ③ 바사 ④ 바벨론

2. 괄호 안을 채워 넣으세요. (1:7)

   여호와는 ( )시며 환난 날에 ( )이시라 그는 자기에게 피하는 자들을 아시느니라

   ① **선** ② **산성**

3. 괄호 안을 채워 넣으세요. (3:7)

   그 때에 너를 보는 자가 다 네게서 도망하며 이르기를 ( )가 황폐하였도다 누가 그것을 위하여 ( )하며 내가 어디서 너를 위로할 자를 구하리요 하리라

   ① **니느웨** ② **애곡**

[하바국]

1. 사납고 성급하며 자기의 소유가 아닌 곳을 점령하는 사람들은? (1:6)

   ① **갈대아 사람** ② 니느웨 사람

   ③ 앗수르 사람 ④ 두로 사람

2. 이 (   )는 정한 때가 있나니 그 (   )이 속히 이르겠고 결코 거짓되지 아니하리라 비록 더딜지라도 기다리라 (   )되지 않고 반드시 응하리라? (2:3)

① **묵시**   ② **종말**   ③ **지체**

3. 물이 바다를 덮음 같이 무엇으로 세상이 가득함으로 채워지나? (2:14)

① **여호와의 영광**   ② 민족들의 함성   ③ 민족들의 기도

4. 여호와로 말미암아 즐거워하며 구원의 하나님으로 기뻐하는 조건에 해당되는 것을 다 고르시오 (3:17~18)

① 무화과 나무가 무성함   ② 포도나무에 열매가 없음

③ 감람나무에 소출이 없음   ④ 밭에 먹을 것이 넘침

⑤ 우리에 양이 없음   ⑥ 외양간에 소가 없음

[스바냐]

1. 히스기야의 현손인 스바냐 선지자가 활동한 시기는? (1:1)

① **유다 왕 요시야**   ② 유다 왕 아사랴   ③ 유다 왕 여호사밧

2. 여호와께서 이르시되 내가 (   ) 위에서 모든 것을 진멸하리라? (1:2)

① **땅**   ② 바다   ③ 하늘   ④ 산천초목

3. 여호와의 멸절 대상에 해당되지 않는 것은? (1:6)

① 여호와를 배반하는 자　② 여호와를 찾지 않는 자

③ **여호와를 구하는 자**　④ 여호와를 따르지 않는 자

4. 관계성 있는 것들을 연결해 보세요. (스바냐 3:4~5)

① 선지자들(4)　·　ㄱ 수치를 알지못함

② 제사장들(4)　·　ㄴ 간사한 사람들

③ 불의한 자(5)　·　ㄷ 성소를 더럽힘

답 ① - ㄴ, ② - ㄷ, ③ - ㄱ

5. 스바냐 3:17절을 빨리 암송해 보세요? (3:17)

[학개]

1. 총독 스룹바벨과 대제사장 여호수아가 있던 시기에 활동한 선지자는? (1:1)

① **학개**　② 말라기　③ 요엘　④ 요나

2. 선지자 학개가 예언한 메세지는? (1:8)

① 성벽을 재건하라　② 성문을 수축하라

③ 율법을 회복하라　④ **성전을 재건하라**

3. 학개의 선포로 여호와의 전 공사가 시작된 날짜는? (1:15)

① 다리오 왕 제삼년 다섯째 달 이십사일

② **다리오 왕 제이년 여섯째 달 이십사일**

4. 여호와께서 재건된 성전의 영광이 이전 영광보다 크다고 하시며 무엇을 주시겠다고 했나? (2:9)

① 축복을 주심 ② 율법을 주심 ③ **평강을 주심**

[스가랴]

1. 잇도의 손자이며 베레갸의 아들인 선지자는 누구인가? (1:1)

① **스가랴** ② 아사랴 ③ 사가랴 ④ 아마샤

2. 스가랴가 본 네 명의 말탄자에 해당되지 않는 것은? (1:8)

① 붉은 말 ② 자주빛 말 ③ **검정 말** ④ 흰 말

3. ( )안을 채워 넣으세요. (1:18~19)

내가 눈을 들어 본즉 ( )의 뿔이 보이기로 이에 내게 말하는 천사에게 묻되 이들이 무엇이니이까 하니 내게 대답하되 이들은 ( )와 이스라엘과 ( )을 흩뜨린 뿔이니라

· 파종 **· 포도** **· 단 포도주**

문 제 　맞다 아니다 퀴즈

★ 남 · 여 그룹 대항전 ★

문제를 듣고 맞다, 아니다로 퀴즈게임을 한다.(2장~6장)

■ 남자 질문 / □ 여자 대답 (모르면 통과)

1	측량줄을 잡은 사람이 예루살렘을 측량한다.(2:1~2)	맞다
2	바벨론 성에 거주하는 시온의 백성은 안전하다.(2:7)	아니다
3	장차 유다를 거룩한 땅에서 쫓아 내신다.(2:12)	아니다
4	여호수아에게 죄악을 제거하고 생명의 관을 씌웠다.(3:5)	아니다
5	여호수아 앞에 새운 돌에 일곱 눈이 있다.(3:9)	맞다
6	순금 등잔대 곁에 두 감람나무가 있다.(4:3)	맞다
7	스룹바벨이 다림줄을 가지고 있다.(4:10)	맞다

▶ 문제를 만들어서 계속...

□ 여자 질문 / ■ 남자 대답 (모르면 통과)

1	감람나무 두 가지는 이스라엘과 유다이다.(4:14)	아니다
2	날아가는 두루마리의 크기는 길이와 너비가 십 규빗이다.(5:2)	아니다
3	에바 가운데에 한 여인이 앉아있다.(5:7)	맞다
4	두 여인이 에바를 옮긴곳이 시날 땅이다.(5:10)	맞다
5	네 병거는 하늘의 네 바람이다.(6:5)	맞다
6	검은 말이 향한곳은 남쪽 땅이다.(6:6)	아니다
7	싹이라 이름하는 사람이 여호와의 전을 건축한다.(6:12)	맞다

▶ 문제를 만들어서 계속...

* 시간을 정해 놓고 정확하게 많이 맞춘 팀이 승리한다.

문 제 관계성이 있는 말에 줄로 연결하세요

스가랴(7:1~4)

1. ① 다리오 왕(1) · ㄱ 아름다운 땅
② 칠십 년동안(5) · ㄴ 등을 돌리며 듣지않음
③ 진실한 재판(9) · ㄷ 스가랴
④ 압제하지 말며(10) · ㄹ 과부, 고아, 나그네
⑤ 듣기를 싫어하여(11) · ㅁ 율법을 듣지않음
⑥ 마음이 금강석(12) · ㅂ 다섯째 달, 일곱째 달 금식
⑦ 황폐케 함(14) · ㅅ 인애와 긍휼을 베품

답 ① - ㄷ, ② - ㅂ, ③ - ㅅ, ④ - ㄹ,
⑤ - ㄴ, ⑥ - ㅁ, ⑦ - ㄱ

스가랴(8:1~19)

2. ① 시온(3) · ㄱ 이스라엘 족속 · 가 진리의 성읍
② 지팡이(4) · ㄴ 예루살렘 · 나 희락
③ 씨앗(12) · ㄷ 늙은 남자 · 다 이방인
④ 유다족속(13) · ㄹ 즐거움 · 라 늙은 여자
⑤ 진실(16) · ㅁ 열매 · 마 재판
⑥ 기쁨(19) · ㅂ 화평 · 바 산물

답 ① - ㄴ - 가, ② - ㄷ - 라, ③ - ㅁ - 바,
④ - ㄱ - 다, ⑤ - ㅂ - 마, ⑥ - ㄹ - 나,

1. 다음의 해당되는 내용을(　　　　)에 알맞은 번호를 찾아 쓰세요.

스가랴(10~12장)

- 허탄한 것(10:2)　(　　　　)　③
- 거짓 꿈(10:2)　(　　　　)　⑥
- 목자(10:2)　(　　　　)　④
- 벌(심판)하심(10:3)　(　　　　)　⑧
- 백향목(11:1)　(　　　　)　①
- 품삯, 토기장이(11:12~13)　(　　　　)　⑦
- 예루살렘을 치러옴(12:9)　(　　　　)　⑤
- 큰 애통(12:11)　(　　　　)　②

답　① 레바논, ② 하다드림몬 , ③ 드라빔, ④ 유리하는 양,
⑤ 이방나라　⑥ 복술자 , ⑦ 은 삼십개 , ⑧ 숫염소들,

2. □ 칸을 채워넣으시오. (13:1~2)

그 날에 □와 □ □ □을 씻는 샘이 다윗의 족속과 예루살렘 주민을 위하여 열리리라

만군의 여호와가 말하노라 그 날에 내가 □ □의 이름을 이 땅에서 끊어서 □ □도 되지 못하게 할 것이며 거짓 □ □ □와 더러운 □ □을 이 땅에서 떠나게 할 것이라

· 죄　· 더러움　· 우상　· 기억　· 선지자　· 귀신

3. 예수님의 재림전에 일어날 일은 무엇인가? (14:4)

(　　　　　　　　　　　　　　　　　　　　　　　　)

· **감람산이 동서로 갈라져 골짜기가 되어 남, 북으로 갈라짐**

4. 예루살렘을 공격한 백성에게 내리실 재앙이 아닌 것은? (14:12)

① 살이 썩음　　② 눈동자가 썩음

③ 혀가 썩음　　④ **벙어리가 됨**

5. 예루살렘을 치러 왔던 이방 나라들 중에 남은 자는 어떻게 되나? (14:16)

① 유월절을 지킴　　② **초막절을 지킴**

③ 나팔즐을 지킴　　④ 무교절을 지킴

6. 초막절을 지키지 않는 이방 나라들은 어떻게 되나? (14:18)

① **재앙을 받음**　　② 축복을 받음

③ 은, 금이 가득참　　④ 추방당함

[말라기]

1. 구약의 첫 장은 무엇이며 끝 장은 무슨장입니까? (1:1)

· **구약의 첫 장** = ① **창세기**　② 출애굽기　③ 레위기

· **구약의 끝 장** = ① 스가랴　② 학개　③ **말라기**

2. 나 여호와가 말하노라 에서는 야곱의 형이 아니냐 그러나 내가 □ □을 사랑하였고 □ □ 는 미워하였으며 (말 1:2~3)

· 야 곱 **· 에 서**

3. 관계 있는 것에 줄로 연결하세요. (1:7~8)

① 더러운 떡을 나의 단에 드리고도	·	ㄱ	어찌 악하지 아니하며
② 너희가 눈먼 희생으로 드리는 것이	·	ㄴ	너희 총독에게 드려보라
③ 저는 것 병든 것으로 드리는 것이	·	ㄷ	어찌 악하지 아니하며
④ 이제 그것을	·	ㄹ	어떻게 주를 더럽게 하였나이까

답 ① - ㄹ, ② - ㄱ, ③ - ㄷ, ④ - ㄴ

4. 너희가 만일 듣지 아니하며 마음에 두지 아니하여 내 이름을 영화롭게 하지 아니하면 어떻게 한다고 하셨습니까? (2:2)

① 버리신다 ② **너희의 복을 저주 하리라**

③ 멸망 하리라 ④ 추방당함

5. 보라 내가 너희의 (①) 을 꾸짖을 것이요 (②) 곧 너희 절기의 희생의 똥을 너희 (③) 에 바를 것이라 (2:3)

① **자손** ② **똥** ③ **얼굴**

6. 여호와가 이르노니 어떤 사람을 미워하신다고 하셨습니까? (2:16)

① **이혼 하는 자** ② 불신하는 자 ③ 싸우는 자

7. 내가 심판하러 너희에게 임한다고 하셨는데 어떤자를 말합니까? (3:5)

① □ 치 는자

② □ 음하는 자

③ 거짓 □ □ 하는자

④ 품군의 □ 에 대하여 억울케 하는자

⑤ 과부와 □ □ 를 압제 하는자

⑥ 나그네를 □ □ 하게 하는자

⑦ 나를 경 □ 하지 아니하는자

① **점** ② **간** ③ **맹세** ④ **삯** ⑤ **고아** ⑥ **억울** ⑦ **외**

8. 여호와께서 너희의 온전한 무엇을 드리라고 하셨습니까? (3:10)

① 감사예물 ② 절기예물

③ **십일조** ④ 일천번제

9. 십일조를 드리면 어떤 복을 받습니까? (3:10)

① 자녀의 복 ② **하늘의 문을 열고 복을 주심** ③ 건강의 복

10. 여호와 앞에 있는 기념책에 어떤 사람을 기록하십니까? (3:16)

① **여호와를 경외하고 존중하는 자** ② 기도와 봉사를 많이 하는 자

11. 만군의 여호와가 이르노라 어떤 날이 이른다고 하셨습니까? (4:1)

① 주님의 심판 날 ② **용광로 불 같은 날**

③ 물로 심판하는 날 ④ 성령님이 임재 하는 날

12. 내 (①   ) 을 경외하는 너희에게는 (②   ) 가 떠올라서 치료하는 (③   ) 을 비추리니 (4:2)

① **이름** ② **공의로운 해** ③ **광선**

13. 악인은 어떠한 심판을 받습니까? (4:3)

① 지옥에 들어간다 ② 칠배나 뜨거운 불에 들어간다

③ **발바닥 밑에 재와 같으리니**

문 제　성경 넌세스 퀴즈

1. 보통 사람보다 손이 하나 더 있는 사람은?	삼 손
2. 성경 인물중에 시험만 치루면 100점을 받는 사람은?	미 리 암
3. 모든 말을 잘 들어주는 사람은?	예 수
4. 성경 인물중에 늘 자신만을 봐주길 원하는 사람은?	바 나 바
5. 신구약은 66권 입니다. 그렇다면 성경은 모두 몇 자 인가요?	두 자
6. 성경 인물중에 장사를 제일 잘하는 사람은?	사 라
7. 천사(1004)의 반대말은?	4001
8. 천국에 가기 위해서 제일 먼저 해야 할일은 무엇인가?	죽어야 한다.
9. 하나님이 가장 싫어하는 비는?	사 이 비
10. 아기를 낳기 원하는 사람들이 읽어야 할 성경은?	에 베 소 서
11. 인류 최초로 외과 수술을 받은 사람은?	아 담
12. 성경 인물 중에 귀가 제일 밝은 사람은?	들 릴 라
13. 사칙연산을 잘할 것 같은 사람은?	셈

신약편

제3부

신약 성경퀴즈 문제

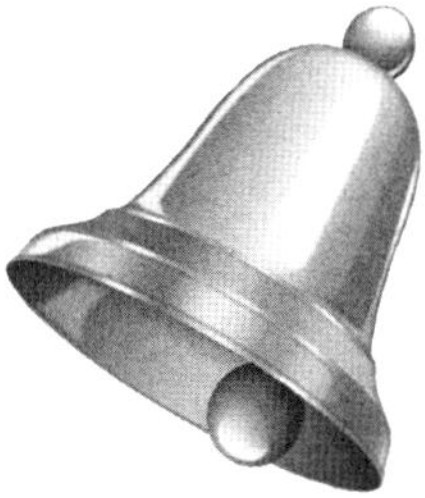

마태복음

문 제 성경 문제를 듣고 답을 선택하세요

1. 마태복음 1장의 족보는 누구로 시작하나요? (1:1)
   ① **아브라함** ② 다윗 ③ 예수 그리스도 ④ 솔로몬

2. "아들을 낳으리니 그 이름을 예수라 하라" 예수란 뜻은 무엇입니까? (1:21)
   ① 그리스도 ② **구원** ③ 임마누엘 ④ 메시아

3. '임마누엘' 이란 뜻은 무엇을 말합니까? (1:23)
   ① 구원한다 ② 사랑한다 ③ **하나님이 우리와 함께 계시다**

4. 예수께서 어디에서 탄생하셨습니까? (2:1)
   ① 예루살렘 ② 애굽 ③ 갈릴리 ④ **베들레헴**

5. 동방박사들이 예수님께 경배하고 왜 헤롯왕에게 가지 않았습니까? (2:12)
   ① 왕이 교만해서 ② **꿈에 헤롯에게 가지 말라** ③ 미워서

6. 헤롯왕이 매우 화가 나서 무슨 일을 하였습니까? (2:16)

① 울었다 ② 신하를 옥에 가두었다 ③ **두 살 아래 아이들을 죽였다**

7. 세례 요한이 광야에서 무엇이라고 외쳤습니까? (3:1-2)

① 예수 믿으라 ② 기도하라 ③ 사랑하라 ④ **회개하라**

8. 예수님은 어디서 누구에게 세례를 받았습니까? (3:13)

① **요단강 - 세례 요한** ② 광야 - 아나니아 ③ 실로암 - 연못

9. 예수님이 광야에서 40일을 금식하시며 누구에게 시험을 받았습니까? (4:1)

① 사람에게서 ② 하나님께서

③ 성령께서 ④ **마귀에게**

10. 예수께서 마귀에게 몇 번 시험을 받았습니까? (4:3, 5, 8)

① 1 번 ② 2 번 ③ **3 번** ④ 4 번

11. 예수님의 제자가 된 베드로는 무엇하는 사람이었습니까? (4:18)

① 세리 ② 서기관 ③ **어부** ④ 군사

12. 예수께서 산에 오르사 처음에 가르쳐 주신 말씀은 무엇입니까? (5:3)

① **심령이 가난한 자는 복이 있나니** ② 애통하는 자

③ 자비로운 자 ④ 의에 주린 자

13. 소금이 맛을 잃으면 어떻게 쓰입니까? (5:13)

① 귀하게 쓰인다 ② 편리하게 쓰인다 ③ **아무 쓸데없다**

14. 예수께서 기도하는 것을 가르쳐 주셨는데 그것이 무엇입니까? (6:9)

① 사도신경 ② 산상 보훈 ③ **주기도문** ④ 성경

15. 구하고 두드리고 찾는 이는 어떻게 된다고 하셨습니까? (7:11)

① **좋은 것을 주신다** ② 받지 못한다 ③ 수고하는 것뿐이다

16. 나의 이 말을 듣고 행하는 자는 그 집을 어디에 지은 지혜로운 사람 같다고 하셨습니까? (7:24)

① 모래 위에 ② **반석 위에** ③ 하늘 아래 ④ 영원한 세계

문 제　　성경 문제를 듣고 답을 선택하세요

1. 우리의 (①) 한 것을 친히 담당하시고 (②)을 (③) 지셨도다. (8:17)
① 부족, 죄지은, **연약**　② 연약, 약함, **병**　③ 고쳐, **짊어**

2. 나는 (①)을 부르러 온 것이 아니요 (②)을 부르러 왔노라. (9:13)
① 좋은 사람을, **의인**　② **죄인**, 의로운 사람

3. 예수께서 (①)을 만지시며 너희 (②)대로 되라 하시니 (9:29)
① 얼굴을, **눈**　② **믿음대로**, 생각대로

4. 누구든지 (①)으로 이 작은 자 중 하나에게 (②) 한 그릇이라도 주는 자는~ 결단코 상을 잃지 않으리라. (10:42)
① **예수의 이름으로**, 제자의 이름　② 음식, **냉수**

5. 수고하고 (①)진 자들아 다 (②) 오라 내가 너희를 (③)하리라.(11:28)
① 짐 가벼운, **무거운 짐**　② 이리 교회로, **내게로**　③ 편안, **쉬게**

6. (①) 갈대를(②) 아니하며 (③) 심지를 끄지 아니하시기를 심판하여 이길때까지 하리니 (12:20)
① 깨끗한, **상한**　② **꺽지**, 짜르지　③ 죽는, **꺼져가는**

7. 요나가 밤낮 (①)동안 큰 (②) (③)속에서 있었던 것 같이 (12:40)
① 하루, 이틀, **사흘**　② 고래, **물고기**　③ 입, **뱃**

문 제 □ 안에 낱말을 쓰시고 ○ 안에 틀린것을 고치세요

1. 너희가 □ □ □ 들어도 ㉢생 ㉢각 지 못할 것이요 □ □ 는 보아도 ㉢정 ㉢말 못 하리라. (13:14) **- 듣기는, 깨달, 보기, 알지 -**

2. 천 □, ㉢믿 씀, □ 라 도, 헤 ㉢라 디 아, □ 고보, 엘 리 ㉢스 ㉢아 스 □ 엘, 예 루 살 □ **- 사, 말, 빌, 로, 야, 야, 이, 라, 렘 -**

3. 인자가 □ □ □ 의 영광으로 그 ㉢박 사들과 함께 오리니 그 □ 에 각 사람의 ㉢일 ㉢한 대로 □ 으리라. (16:27) **- 아버지, 천, 때, 행한, 갚 -**

4. ㉢열 사람이 땅에서 □ □ 하여 무엇이든지 ㉢원 하면 □ □ 에 계신 내 ㉢할 ㉢비 지 께서 그들을 위하여 이루게 하시리라. (18:19)
- 두, 합심, 구, 하늘, 아버 -

5. 너희가 기도할 때에 □ □ 이든지 ㉢알 고 □ 하는 것은 다 ㉢이 으리라 하시니라. (21:22) **- 무엇, 믿, 구, 받 -**

6. 청함을 ㉢얻 은 자는 ㉢적 되 □ 함을 입은자는 ㉢없 으니라 . (22:14)
- 받, 많, 택, 적 -

7. 네 □ □ 을 다하고 ㉢정 ㉢성 을 다하고 □ 을 다하여 주 너의 하나님을 ㉢미 ㉢워 하라 하셨으니(22:37) **- 마음, 목숨, 뜻, 사랑 -**

8. 하나님은 □ □ □ 의 하나님이 아니요 □ □ □ □ 자의 하나님 이시니라 (22:32) **- 죽은자, 살아있는 -**

문 제 관계성이 있는 말에 줄로 연결하세요

(마 5:3~12)

1. ① 심령이 가난한 자(3) · ㄱ 땅을 기업으로 받음
② 애통하는 자(4) · ㄴ 긍휼히 여김을 받음
③ 온유한 자 (5) · ㄷ 천국이 저희 것 임이요
④ 의에 주리고 목마른 자(6) · ㄹ 하나님을 볼 것 임이요
⑤ 긍휼히 여기는 자(7) · ㅁ 하나님의 아들이라
⑥ 마음이 청결한 자(8) · ㅂ 배 부를 것 임이요
⑦ 화평케 하는 자(9) · ㅅ 위로를 받을 것 임이요

답 ① - ㄷ, ② - ㅅ, ③ - ㄱ, ④ - ㅂ,
⑤ - ㄴ, ⑥ - ㄹ, ⑦ - ㅁ

2. ① 베드로 · ㄱ 예수를 판 자
② 세베대의 아들 · ㄴ 시 몬
③ 야고보의 형제 · ㄷ 요 한
④ 세 리 · ㄹ 시 몬
⑤ 알패오의 아들 · ㅁ 야고보
⑥ 가나안 인 · ㅂ 야고보
⑦ 가룟 유다 · ㅅ 마 태

답 ① - ㄹ, ② - ㅁ, ③ - ㄷ, ④ - ㅅ,
⑤ - ㅂ, ⑥ - ㄴ, ⑦ - ㄱ

문 제 　 문제를 듣고 단어를 맞추는 퀴즈

※ 사회자가 문제를 읽으면 그것과 연관된 단어를 말한다.

1. 마리아가 성령으로 잉태하여 낳은 아들, 우리의 구원자 (1:20~21)	▶ 예수
2. 동방박사가 예수님께 드린 예물 (2:11)	▶ 황금, 유향, 몰약
3. 예수께서 세례 요한에게 세례를 받은 강이며 유대인들이 물세례를 받은 강 (3:13)	▶ 요단강
4. 예수께서 광야에서 금식기도 하심 (4:2)	▶ 40일 금식
5. 너희도 착한 행실을 보이라고 말씀하신 예수님의 교훈 (5:16)	▶ 빛과 소금
6. 기도할 때에 말을 많이 하지 말라 (6:7)	▶ 중언부언
7. 예수님이 가르쳐 주신 기도 (6:9~13)	▶ 주기도문
8. 생명으로 인도하는 문(구원의 문) (7:14)	▶ 좁은문
9. 세리로써 예수님의 제자가 됨 (9:9)	▶ 마태
10. 예수께서 제자들을 전도 보낼 때 하신 말씀 (10:16)	▶ 뱀같이 지혜롭게
11. 주님을 위해 열심히 일한 사람을 편히 쉬게하신다고 말씀하심 (11:28~29)	▶ 수고하고 무거운 짐
12. 마귀들이 심은 것, 무익한 쭉쟁이 (13:25)	▶ 가라지
13. 광야에서 5,000 명이 먹은 양식 (14:21)	▶ 오병이어

14. 믿음으로 딸의 병을 고치고 예수님으로부터 네 믿음이 크도다 칭찬 받음 (15:28) ▶ 가나안 여자

15. 천국 열쇠를 받은 베드로의 이름 (16:17,19) ▶ 바요나 시몬

16. 어린아이와 같이 자기를 낮추는 자 (18:4) ▶ 천국에서 큰 자

17. 베드로가 주여 형제가 내게 죄를 범하면 몇 번이나 용서하여 주리이까 물었습니다. (18:21) ▶ 일흔 번씩 일곱 번

18. 맹인이 예수가 지나가신다는 소리를 듣고 고침 받기 위해 소리 지름 (20:30) ▶ 다윗의 자손 예수여

19. 성전 안에서 매매하는 자를 쫓으시며 책망하셨음 (21:12~13) ▶ 내 집은 기도하는 집 이라

20. 주님 임하실 때 세상 징조를 말씀하심 (24:7) ▶ 기근과 지진

21. 말세는 노아의 때와 같다고 말씀하심 (24:38) ▶ 먹고 마시고 장가 들 고 시집가고

22. 어떤 주인이 타국에 갈 때 종들에게 재능대로 소유를 맡김 (25:14~15) ▶ 5, 2, 1 달란트

23. 예수님을 은 30에 판 제자 (26:15) ▶ 가룟 유다

24. 예수께서 겟세마네에서 기도하시며 하신 말씀 (26:39) ▶ 내 원대로 마옵시고

25. 예수님을 재판하는 총독 (27:2, 11) ▶ 빌라도

26. 예수님이 십자가에서 운명하실 때 하신 최후 광경 (27:50) ▶ 크게 소리 지르시고 영혼이 떠나감

문 제 1 마태복음 1장에 나오는 사람 이름 10 명을 쓰시오

아브라함	다 윗	솔로몬	르호보암	여호사밧
웃시야	히스기야	요 람	아하스	요시야

문 제 2 마태복음 1장에 나오는 여자 이름 5명을 쓰시오

다 말	라 합	룻	밧세바	마리아

문 제 3 예수님의 12제자 이름을 쓰시오

베 드 로	안 드 레	세베대의 아들 야고보	요 한
빌 립	바돌로매	도 마	마 태
아패오의 아들 야고보	다 대 오	시 몬	가롯 유다

문 제 4 마태복음에 나오는 지명 5곳을 쓰시오

나사렛	베들레헴	예루살렘	유 다	애 굽

문 제 성경 목록 암송 퀴즈

★ 남 · 여 그룹 대항전 ★

남·여 대표 4명 출전

남 여 각 2명이 한 조가 되어 구약 목록을 암송하면 여자 그룹은 그 다음 목록을 암송한다.

♣ 구약 목록 ♣

	남자 그룹 2명		여자 그룹 2명
1	창세기	……………………▶	출애굽기
2	레위기	……………………	민 수 기
3	신명기	……………………	여호수아
4	사사기	……………………	룻 기

계속 ... 계속 진행을 하다가 대답을 못하면 패한다.

♣ 신약 목록 ♣

	남자 그룹 2명		여자 그룹 2명
1	마태복음	……………………▶	마가복음
2	누가복음	……………………	요한복음
3	사도행전	……………………	로 마 서
4	고린도전서	……………………	고린도후서

계속 ... 계속 진행을 하다가 대답을 못하면 패한다.

문 제 스피드 퀴즈 게임

★ 남 · 여 그룹 대항전 ★

남·여 대표 각 2명 출전

※ 사회자가 카드를 보여주면 말과 행동으로 설명하면 대답한다.

	남자 A (카드)	카드를 보고 설명		남자 B 설명을 듣고 대답	
1	목사님	교회에서 설교하고 기도하는 사람	••▶	목사님	모르면 통과
2	예배당	모여서 예배를 드리는 건물	••▶	예배당	〃
3	기 도	하나님께 두손 모아 아뢰는 것	••▶	기 도	〃
4	찬송가	예배시 책을 보고 찬송하는 책	••▶	찬송가	〃

카드를 만들어 계속 ... 시간을 정해 놓고 많이 맞추는 팀이 승리.

	여자 A (카드)			여자 B	
1	마리아	예수의 어머니	••▶	마리아	모르면 통과
2	예수님	하나님의 아들이시며 구원자	••▶	예수님	〃
3	하나님	만물을 창조하신 분	••▶	하나님	〃
4	부 활	무덤에서 다시 살아남	••▶	부 활	〃

카드를 만들어 계속 ... 시간을 정해 놓고 많이 맞추는 팀이 승리.

문제 1 알송 달송 찬송 자랑퀴즈

♫ 남 여 그룹 누가 누가 잘 하나 ♫

사회자가 찬송 또는 복음송 중간 한절 또는 후렴을 피아노 또는 콧노래로 부르면 곡명과 곡을 알아맞추는 사람이 먼저 부른다. (반주에 맞춰 부름)

사회자는 가사, 음정, 박자가 틀려 종을 치면 상대 그룹에서 대표가 처음부터 다시 부른다. 틀리면 또 상대 그룹으로 넘어간다. 그래서 끝까지 정확하게 부르는 그룹이 득점한다.

끝나면 다음 곡으로 ...

문제 2 자유곡 부르기

문제 3 곡을 사회자가 선택하여 계속한다

★심 사 규 정★

마가복음

문 제 　 성경 문제를 듣고 답을 선택하세요

1. 세례 요한은 광야에서 무엇을 하였습니까? (1:4)
   ① 기도하였다 ② 봉사하였다 ③ **회개의 메시지를 선포하였다**

2. 이 땅에 세례 요한과 예수님 중 누가 먼저 오셨습니까? (1:7)
   ① 예수님 ② **세례 요한** ③ 같이 오셨다

3. 예수께서 가버나움에 계실 때 무슨 기적이 일어났습니까? (2:1, 5)
   ① 병자들이 몰려왔다 ② 말씀을 가르침 ③ **중풍병자를 고치심**

4. 안식일은 누구를 위하여 있습니까? (2:27)
   ① **사람을 위하여 있다** ② 안식을 위하여 있다 ③ 주님을 위하여

5. 안식일은 무엇을 행하는 것이 오른일 입니까? (3:4)
   ① 악을 행하는 것 ② **생명을 구하는 것** ③ 좋은 일 하는 날

6. 광풍이 일어났을 때 예수님은 제자들에게 무어라고 말씀하였나요? (4:40)

① 염려하지 말라 ② 기도하라 ③ **어찌 믿음이 없느냐**

7. 열 두해를 혈류증으로 앓는 여자가 어떻게 병을 고침 받았습니까? (5:27)

① 기도를 받고 ② 만져 주시니 ③ **옷에 손을 대니**

8. 너희 말을 듣지 아니하거든 거기서 나갈 때에 발아래 먼지를 떨어버리라고
하셨는데 그 이유는 무엇입니까? (6:11)

① **복음을 듣지 않으므로** ② 이방인 이므로 ③ 악인 이므로

9. 헤로디아의 딸이 왕 앞에서 춤을 추고 무엇을 원했습니까? (6:25)

① 권력 ② 물질 ③ **세례 요한의 머리** ④ 나라의 절반

10. 예수님이 귀 먹은 사람에게 '에바다' 하셨는데 무슨 뜻입니까? (7:34)

① 마귀는 물러가라 ② 고침 받았다 ③ **열려라**

11. 예수님을 따르려면 무엇을 버리고 무엇을 지고 나를 좇으라고 하셨습니까? (8:34)

① **자기를 부인하고 십자가를 지고** ② 세상을 부인 짐을 지고
③ 사람을 버리고 믿음을 가지고 ④ 욕심을 버리고 성령으로

12. 할 수 있거든이 무슨 말이냐 어떤 자에게 능치 못함이 없느냐? (9:23)

① 기도하는 자 ② 성령 충만한 자
③ **믿는 자** ④ 사랑하는 자

13. 지옥은 어떤 곳인지 해당되지 않는 것은? (9:48~49)

① 구더기도 죽지 않고　② 불도 꺼지지 아니하고

③ 불로써 소금 치듯 하는곳　④ **회개하는 곳**

14. 낙타가 바늘귀로 나가는 것이 누가 하나님의 나라에 들어가는 것보다 쉽다고 하였습니까? (10:25)

① 죄인　② 바리새인　③ 세리　④ **부자**

15. 예수께서 여리고에서 나가실 때 만난 소경은 누구입니까? (10:46)

① 디두고　② 삭개오　③ **바디메오**　④ 거지

16. 예수님이 예루살렘의 성전에 들어가 하신 일은 무엇입니까? (11:15)

① 돈을 바꾸셨다　② 번제에 쓸 양을 사셨다

③ 장사꾼들과 거래하셨다　④ **성전을 정화 하셨다**

문 제 ( ) 안에 있어야 할 말을 써넣으세요

1. 새벽 아직도 밝기 전에 예수께서 일어나 나가( )곳으로 가사 거기서 ( )하시더니. (막 1:35) **- 한적한, 기도 -**

2. 건강한 자에게는( )가 쓸 데 없고 병든 자에게라야 쓸 데 있느니라. 나는 ( )을 부르러 온 것이 아니요 죄인을 부르러 왔노라. (2:17) **- 의사, 의인 -**

3. 예수께서 돌이키사 제자들을 보시며( )를 꾸짖어 이르시되 ( )아 내 뒤로 물러가라. (8:33) **- 베드로, 사탄 -**

4. 예수께서 변화산 높은 산에 올라가실 때 세 제자를 데리고 가셨는데 누구누구입니까? (9:2) ( ) ( ) ( ) **- 베드로, 야고보, 요한 -**

5. 하나님은 죽은 자의( )이 아니요( )의 하나님이시라 너희가 크게 오해하였다 하시니라. (12:27) **- 하나님, 산 자 -**

6. 이 가난한 과부는 헌금함에 넣는 모든 사람보다 많이 넣었도다 그들은 다 ( ) 중에서 넣었거니와 이 과부는 그 ( ) 중에서 자기의 모든 소유를 넣었느니라. (12:43~44) **- 풍족한, 가난한 -**

7. 많은 사람이 내 ( )으로 와서 이르되 내가 그라하여 많은 사람을 ( )케 하리라.(13:6) **- 이름, 미혹 -**

8. 베드로가 예수께서 자기에게 하신 말씀 곧( )이( )번 울 기 전에 네가 세 번 나를( )하리라.(14:72) **- 닭, 두, 부인 -**

문 제	□ 안에 낱말을 쓰시고 ○ 안에 틀린것을 고치세요

1. 요한은 □ □ □ 옷을 입고 허리에 □ □ ㊇를 띠고 메뚜기와 ⓢ성 ⓒ찬을 먹더라. (1:6)
- 낙타털, 가죽, 띠, 석청 -

2. 이르시되 □ 가 찼고 하나님의 (천) (국)가 가까왔으니 □ □ 하고 복음을 믿으라. (1:15)
- 때, 나라, 회개 -

3. (아) (홉) 제자를 부르사 □ 씩 둘씩 보내시며 더러운 (사) (람)을 제어하는 권능을 주시고 (6:7)
- 열 두, 둘, 귀신 -

4. 배불리 먹고 □ 은 조각 (여) (섯) 광주리를 거두었으며 사람은 약 □ 천 명이었더라. (8:8~9)
- 남, 일 곱, 사 -

5. 먼저 된 자로서 □ □ 되고 나중 된 자로서 (나) (중) 될 자가 많으니라. (10:31)
- 나중, 먼저 -

6. 예수께서 크게 소리 지르시되 엘리 □ □ 라마(수) (박)다니 하시니(15:34)
- 엘리, 사박 -

7. 너희는 온 천하에 다니며 □ □ 에게(노) (래)을 전파하라.(16:15)
- 만민, 복음 -

8. □ 고 세례를 받는 사람은 (선) (물) 을 얻을 것이요 □ □ 않는 사람은 정죄를 받으리라 (16:16)
- 믿, 구원, 믿지 -

문 제 관계성이 있는 말에 줄로 연결하세요

1\. ① 길가에 떨어진 씨(15) ・ ㄱ 환난과 박해에 넘어짐
② 돌밭에 떨어진 씨(16) ・ ㄴ 세상의 염려에 결실치 못함
③ 가시밭에 떨어진 씨(18) ・ ㄷ 삼십, 육십, 백배의 결실
④ 좋은 땅에 떨어진 씨(20) ・ ㄹ 사단에게 말씀을 빼앗김
(막 4:15~20)

답 ① - ㄹ, ② - ㄱ, ③ - ㄴ, ④ - ㄷ

2\. ① 아버지가 자식을(12) ・ ㄱ 모든 사람에게 미움 받음
② 자식들이(12) ・ ㄴ 구원을 얻으리라
③ 내 이름을 인하여(13) ・ ㄷ 죽는데 내어주며
④ 나중까지 견디는 자(13) ・ ㄹ 부모를 대적하며
(막 13:12~13)

답 ① - ㄹ, ② - ㄷ, ③ - ㄱ, ④ - ㄴ

3\. ① 잎사귀를 내면(28) ・ ㄱ 내 말은 없어지지 아니함
② 천지가 없어져도(31) ・ ㄴ 아버지만 아시느니라
③ 그 날과 그때는(32) ・ ㄷ 그때가 언제인지 모른다
④ 천사도 아들도 모르고(32) ・ ㄹ 아무도 모르니라
⑤ 깨어 있으라(33) ・ ㅁ 여름이 가까웠다
(막 13:28~33)

답 ① - ㅁ, ② - ㄱ, ③ - ㄹ, ④ - ㄴ, ⑤ - ㄷ

문 제　　문제를 듣고 단어를 맞추는 퀴즈

※ 사회자가 문제를 읽으면 그것과 연관된 단어를 말한다.

문제	정답
1. 세례 요한이 광야에서 입은 옷 (1:6)	▶ 낙타 털옷
2. 가버나움에서 일어난 예수님의 기적 (2:12)	▶ 중풍병자 고치심
3. 예수께서 제자들을 전도 보내실 때 주신 권능 (3:14~15)	▶ 귀신 쫓는 권능
4. 배에서 주무시던 예수께서 일어난 제자들을 책망 하심 (4:39~40)	▶ 어찌 믿음이 없느냐
5. 예수께서 거라사인의 귀신 들린 사람에게 내이름이 무엇이냐 물으니 자기 이름을 대답함 (5:9~10)	▶ 내 이름은 군대
6. 떡 다섯 개와 물고기 두 마리로 모두 먹고 남은 광야에서 일어난 예수님의 기적 (6:41~43)	▶ 오병이어
7. 예수께서 귀먹은 사람에게 안수하시며 하신 말씀(열리라는 뜻) (7:33~34)	▶ 에바다
8. 예수께 항변하는 베드로를 꾸짖어 말씀하심 (8:33)	▶ 사탄아 물러가라
9. 예수님이 베드로와 야고보와 요한을 그 옷에 광채가 나며 데리시고 높은 산에 올라가시며 변형되신 사건 (9:2)	▶ 변화산 사건
10. 예수께서 만난 소경, 간청하여 눈을 뜨다(10:52)	▶ 거지 바디매오

11. 예수님이 나귀 새끼를 타고 예루살렘에 입성하실 때 예수님을 영접하며 외친 소리 (11:8~9) ▶ 호산나 찬송!

12. 가난한 과부가 예수님 앞에서 생활비 전부를 헌금함 (12:41~44) ▶ 과부의 두 렙 돈

13. 이 세대가 지나가기 전에 이 일이 이루리라 (재림을 예언) (13:30) ▶ 그 날과 그때를 아무도 모름

14. 베드로가 예수님을 저주하며 부인할 때 잘못을 기억함 (14:72) ▶ 닭이 두 번 울더라

15. 예수께서 십자가형을 받은 곳(해골이란 뜻) (15:21~22) ▶ 골고다

문 제　　한글 자음을 보고 단어를 알아 맞춘다

예 : ㅂ ㄷ ㄹ　　답 : 베 드로

①	ㄱ　ㅇ	답　광야
②	ㅅ　ㄹ	답　세례
③	ㄱ　ㄹ　ㄹ	답　갈릴리
④	ㅎ　ㄱ	답　회개
⑤	ㅈ　ㅍ	답　중풍
⑥	ㅍ　ㄷ　ㅈ	답　포도주
⑦	ㅁ　ㅆ	답　말씀
⑧	ㅇ　ㅇ　ㄹ	답　야이로
⑨	ㅇ　ㅅ　ㅇ	답　안식일
⑩	ㅎ　ㄹ	답　헤롯
⑪	ㅈ　ㅍ　ㅇ	답　지팡이
⑫	ㅈ　ㅍ	답　전파
⑬	ㅈ　ㅈ	답　제자
⑭	ㅇ　ㅅ　ㅇ	답　이사야
⑮	ㅅ ㄹ ㅂ ㄴ ㄱ	답　수로보니게

문 제	스피드 퀴즈 게임

★ 남 · 여 그룹 대항전 ★

남·여 대표 각 2명 출전

※ 사회자가 카드를 보여주면 말과 행동으로 설명하면 대답한다.

	남자 A (카드)	카드를 보고 설명		남자 B 설명을 듣고 대답	
1	십자가	예수님 등에 메고 골고다로 가신 물건	··▶	십자가	모르면 통과
2	구 원	예수믿고 죄사함 받는 것	··▶	구 원	〃
3	구 유	짐승의 밥통, 예수님 나신 통, 그릇	··▶	구 유	〃
4	구 약	성경 두권 중에 하나, 39권의 책	··▶	구 약	〃

카드를 만들어 계속 ... 시간을 정해 놓고 많이 맞추는 팀이 승리.

	여자 A (카드)			여자 B	
1	목 자	양을 치는 사람	··▶	목 자	모르면 통과
2	가락지	손가락에 끼는 반지	··▶	가락지	〃
3	감 옥	죄인들이 들어가는 방	··▶	감 옥	〃
4	갑 주	싸울 때 몸을 보호하기 위해 입는 옷	··▶	갑 주	〃

카드를 만들어 계속 ... 시간을 정해 놓고 많이 맞추는 팀이 승리.

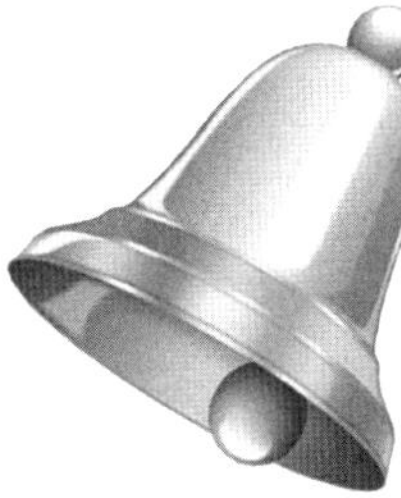

누가복음

문 제 　성경 문제를 듣고 답을 선택하세요

1. 주의 길을 예비하던 세례 요한의 부모는 누구입니까? (1:5)
   ① 데오빌로, 마리아　② 아비야 , 안나　③ **사가랴, 엘리사벳**

2. 엘리사벳이 아들을 낳아 그 이름을 무엇이라고 하였습니까? (1:63)
   ① 사가랴　② **요한**　③ 누가　④ 바나바

3. 가이사 아구스도가 전국에 무엇을 하라고 명령을 내렸습니까? (2:1)
   ① 믿으라　② 싸워라　③ **호적하라**　④ 이사하라

4. 아셀 지파 바누엘의 딸 안나는 무엇하는 사람입니까? (2:36-37)
   ① 사도　② 제사장　③ **선지자**　④ 십부장

5. 예수께서 가르치심을 시작할 때(공생애) 몇 살 때입니까? (3:23)
   ① **30 세**　② 31 세　③ 32 세　④ 33 세

6. 예수께서 고향에서 말씀을 가르칠 때에 어떤 대우를 받았습니까? (4:24)

① 대 환영하다　② 무관심하다　③ **환영을 받지 못함**

7. 시몬이 어떻게 해서 그물이 찢어지도록 많은 고기를 잡았습니까? (5:5)

① 경력이 많아서　② 고기 잡는 기술이 좋아서

③ **말씀에 의지하여**　④ 장비가 좋아서

8. 내 말을 듣고 행하는 자는 기초를 어디에 세웠습니까? (6:48)

① 순종 위해　② 행함 위해　③ **반석 위에**

9. 야이로의 딸이 죽어 울며 통곡하는데 예수님은 무어라 하였습니까? (8:52)

① 부활한다　② **죽은 것이 아니라 잔다**

③ 살아 나리라　④ 그냥 돌아가라

10. 누구든지 제 목숨을 구원코자 하면 어떻게 되며 누구든지 나를 위하여 제 목숨을 잃으면 어떻게 되나? (9:24)

· **구원코자 하면**　① 살 수 있다　② 죽는다　③ **잃을 것이요**

· **목숨을 잃으면**　① 낙심하리라　② **구원하리라**　③ 멸망한다

11. 어떤 사람이 예루살렘에서 여리고로 가다가 무슨 일이 있었습니까? (10:30)

① 제사장을 만났다　② 좋은 일이 있었다　③ **강도를 만났다**

12. 여행하던 사람이 양식이 떨어져 밤중에 친구 집에 찾아갔더니 문이 닫혔고 침실에 누웠는데 어떻게 문제를 해결하였습니까? (11:8)

① 문을 두드렸다　② 전화를 하였다　③ **간청하였다**

13. 내가 세상에 (①)을 주려고 온 줄로 아느냐 내가 너희에게 이르노니 아니라 도리어 (②) 하게 하려 함이니라. (12:51)

① 기쁨 소망 환란 **화평** ② 싸움 소란 **분쟁** 전쟁

14. 예수께서 무슨 문으로 들어가기를 힘쓰라고 하셨습니까? (13:24)

① 넓은 문 ② 세상의 문 ③ 의 의 문 ④ **좁은 문**

15. 누구든지 자기 십자가를 지고(나)를 따르지 않는 자도 능히 (내) 제자가 되지 못하리라. 나와 내 는 누구를 말합니까? (14:27)

① 나 자신 ② 스승 ③ **예수님** ④ 베드로

16. 탕자가 돌아오니 아버지는 기뻐하며 무엇을 하였습니까? 해당되는 곳에 ○ 표를 하세요. (15:22)

① **제일 좋은 옷을 입히고** (○) ② 목욕을 시키고 ( )

③ **발에 신을 신기고** (○) ④ **가락지를 끼우고** (○)

17. 거지 나사로와 부자가 죽어 어디에 들어갔습니까? (16:22~23)

· **거지** ① 천국에 들어감 ② 음부에 들어감 ③ **아브라함 품에 들어감**

· **부자** ① **음부에 들어감** ② 낙원에 들어감 ③ 천국에 들어감

18. 인자의 때는 노아의 때와 같다고 하였는데 노아의 때와 롯의 때에 무슨 일이 있었습니까? (17:27~28)

· **노아의 때** : 먹고, ( ), 장가들고, ( )가고

· **롯의 때** : 먹고, ( ), ( ), 팔고, ( ), ( )지음

· **노아의 때 : 마시고 , 시집 , / 롯의 때 : 마시고 , 사고 , 심고 , 집을**

19. 어린아이들이 내게 오는 것을 용납하고 금하지 말라고 하신 이유는 무엇 입니까? (18:16~17)

① 이뻐서 ② 순진해서 ③ **하나님 나라가 어린아이와 같기 때문**

20. 삭개오는 세리장이며 이방 사람인데 어떻게 구원을 받았습니까? (19:6~10)

① **예수님을 영접** ② 구제함 ③ 봉사함 ④ 기도하다

21. 그날이 덫과 같이 임하리니 조심하지 아니하면 무엇들이 임한다고 하였습니까? (21:34)

① 시험 ② **방탕함** ③ 도둑 ④ **술취함** ⑤ **생활의 염려**

22. 유월절을 지키며 나를 기념하라 하셨는데 무엇 무엇을 기념합니까? (22:17~19)

① **성찬** ② **세례** ③ 회개 ④ 예배

23. 베드로가 예수님을 몇 번 부인 하였습니까? (22:34)

① 1 번 ② 2 번 ③ **3 번** ④ 5 번

24. 한 편의 강도가 십자가 위에서 예수님의 의로움을 말하였는데 무슨 말을 하였으며 예수님은 무엇이라고 말씀하셨습니까? (23:41~43)

· **한 편 강도의 말** : ( )

· **예수님의 말씀** : ( )

문 제 ( ) 안에 있어야 할 말을 써넣으세요

1. 지극히 높은 곳에서는 (①)이요 땅에서는 하나님이 (②) 하신 사람들 중에 (③)로다. (2:14)

① **하나님께 영광**, 세상의 기쁨 ② 즐거워, **기뻐** ③ 환영, **평화**

2. 아기가 자라며 (①)하여지고 (②)가 충만하며 하나님의 (③)가 그의 위에 있더라. (2:40)

① 약, **강** ② 사랑, **지혜** ③ 사랑이, **은혜**

3. 내가 (①)을 부르러 온 것이 아니요 (②)을 불러 (③)시키러 왔노라. (5:32)

① **의인**, 죄인 ② 참사람, **죄인** ③ 용서, **회개**

4. 예수께서 이르시되 딸아 네 (①)이 너를 (②)하였으니 (③) 가라 하시더라. (8:48)

① 구원, **믿음** ② 속죄, **구원** ③ 즐거이, **평안히**

5. 손에 (①)를 잡고 뒤를 돌아보는 자는 (②) 에 합당하지 아니하니라 하시니라. (9:62)

① 칼, **쟁기** ② 사단의 나라, **하나님 나라**

6. 구하라 그러면 너희에게 (①)것이요 찾으라 그러면 (②)이요 문을 (③)그러면 너희에게 열릴 것이니 (11:9)

① 열릴, **주실** ② **찾을 것**, 만나리니 ③ 열어라, **두드리라**

문 제	□ 안에 낱말을 쓰시고 ○ 안에 틀린것을 고치세요

1. 무릇 자기를 □ 이는 자는 ㊉높 아지고 자기를 □ 추는 자는 ㊉낮 아지리라. (14:11)

- 높, 낮, 낮, 높 -

2. 소금이 □ 은 것이나 소금도 만일 그 (뜻) 을 잃으면 무엇으로 □ □ 하리요.(14:34)

- 좋, 맛, 짜게 -

3. 죄인 한 사람이 (믿)(게)하면 하늘에서는 회개할 것 없는 □ □ 아흔 (일)(곱)으로 인하여 기뻐하는 것보다 더하리라.(15:7)

- 회개, 의인, 아홉 -

4. (두)사람이 다 □ □ 함을 받지 아니하였느냐 그 (다)(섯) 은 어디 있느냐. (17:17)

- 열, 깨끗, 아홉 -

5. 오늘(축)(복)이 이 집에 이르렀으니 이 사람도 □ □ □ □ 의 자손임이로다. (19:9)

- 구원 , 아브라함 -

6. 이 (손) 은 내 피로 세우는 새 □ □ 이니 곧 너희를 위하여 □ 는 것이라. (22:20)

- 잔, 언약, 붓 -

7. 예루살렘의 □ 들아 나를 위하여 울지 말고 너희와 □ □ 자녀를 위하여 □라.(23:28)

- 딸, 너희, 울 -

8. 내 □ 과 □ 을 보고(너)인 줄 알라 또 나를 만져 보라(육)은 살과 □ 가 없으되 너희 보는 바와 같이 나는 있느니라. (24:39)

- 손, 발, 나, 영, 뼈 -

문 제	관계성이 있는 말에 줄로 연결하세요

1. ① 사가랴 · ㄱ 안 나
   ② 아구스도 · ㄴ 유대의 총독
   ③ 바느엘 · ㄷ 삼십세
   ④ 본디오 빌라도 · ㄹ 호 적
   ⑤ 예 수 · ㅁ 엘리사벳
   ⑥ 가룟 유다 · ㅂ 은삼십
   ⑦ 여리고 · ㅅ 강 도

딥 ① - ㅁ, ② ㄹ, ③ - ㄱ,
④ - ㄴ, ⑤ - ㄷ, ⑥ - ㅂ, ⑦ - ㅅ

2. ① 부 자 · ㄱ 하늘에서 기뻐하리라
   ② 죄인 회개하면 · ㄴ 아브라함의 품
   ③ 탕 자 · ㄷ 롯의 때
   ④ 나사로 · ㄹ 과부가 나를 번거롭게
   ⑤ 노아의 때 · ㅁ 하나님께 부요치 못한 자
   ⑥ 원한을 풀어 줌 · ㅂ 아들이 죽었다가 살아남
   ⑦ 닭이 울었다 · ㅅ 베드로가 눈물로

답 ① - ㅁ, ② - ㄱ, ③ - ㅂ,
④ - ㄴ, ⑤ - ㄷ, ⑥ - ㄹ, ⑦ - ㅅ

문 제 　 문제를 듣고 단어를 맞추는 퀴즈

※ 사회자가 문제를 읽으면 그것과 연관된 단어를 말한다.

1. 마리아와 정혼한 사람 (2:4-5) ▶ 요 셉
2. 큰 기쁨의 좋은 소식 (2:11-12) ▶ 예수 탄생
3. 회개의 세례를 전파 (3:3) ▶ 세례 요한
4. 돌 들에게 떡덩이가 되라 (4:4) ▶ 예수님을 시험
5. 예수님이 택한 12제자 (6:13) ▶ 열두 사도
6. 겉옷을 빼앗으면 (6:29) ▶ 속옷도 주라
7. 죽은 것이 아니라 잔다 (8:52) ▶ 회당장의 딸
8. 변화산에 나타난 세 사람 (9:30) ▶ 모세, 엘리야, 예수
9. 십팔년 동안 사단에게 매인 사람 (13:16) ▶ 아브라함의 딸
10. 돼지가 먹는 쥐엽 열매를 먹음(15:16) ▶ 탕 자
11. 물을 찍어 서늘하게 (16:24) ▶ 부자 나사로
12. 문둥병자가 깨끗함을 받음 (17:14, 16) ▶ 사마리아인
13. 나를 불쌍히 여기소서 소리지른 사람 (18:3 8) ▶ 소경 바디메오
14. 나를 기념하라 (22:19) ▶ 성 찬
15. 예수님의 십자가를 대신 진 사람 (23:26) ▶ 구레네 시몬

문 제 　 한글 자음을 보고 단어를 알아 맞춘다

예 : ㄷ ㅇ ㅂ ㄹ 　 답 : 데오빌로

①	ㄴ ㄱ ㅂ ㅇ	답 누가복음
②	ㅅ ㄱ ㄹ	답 사가랴
③	ㅇ ㄹ ㅅ ㅂ	답 엘리사벳
④	ㅂ ㄷ ㄹ ㅎ	답 베들레헴
⑤	ㄴ ㅅ ㄹ	답 나사렛
⑥	ㄱ ㅂ ㄴ ㅇ	답 가버나움
⑦	ㅅ ㄹ ㄷ	답 사렙다
⑧	ㅅ ㅁ	답 시 몬
⑨	ㅂ ㄷ ㄹ ㅁ	답 바돌로매
⑩	ㄷ ㄴ ㄹ ㅇ	답 데나리온
⑪	ㅁ ㄷ ㄹ	답 막달라
⑫	ㅅ ㅅ ㄴ	답 수산나
⑬	ㅅ ㅁ ㄹ ㅇ	답 사마리아
⑭	ㅇ ㄹ ㄱ	답 여리고

문 제 퍼즐 채우기 게임

※ 가로의 힌트와 세로의 힌트를 참고하여 빈칸을 채워 넣으세요.

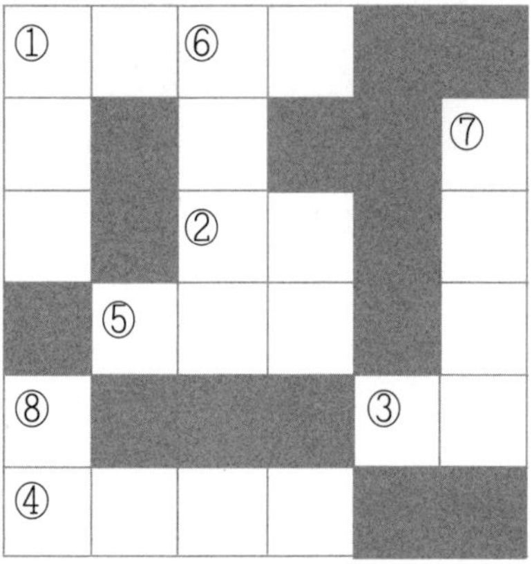

가로 열쇠

1. 예루살렘 양문 곁에 있는 연못의 이름(요 5:2)
2. 갈릴리에 있는 호수를 부르는 다른 말 (요 6:1)
3. 하나님의 집 (창 28:17~19)
4. 사도들의 행적을 기록한 책
5. 홍수 이후에 인간이 세운 탑

세로 열쇠

1. 간절한 마음으로 말씀을 받은 곳 (행 17:11)
6. 예루살렘으로 돌아간 왕족 중 한 사람(대상 3:19)
7. 아브라함이 몸종 하갈에게서 얻은 아들 (창 16:11)
8. 범사에 ○ ○하라

정답

① 베데스다 , 베뢰아 ② 바다 ③ 벧엘 ④ 사도행전
⑤ 바벨탑 ⑥ 스룹바벨 ⑦ 이스마엘 ⑧ 감사

요한복음

문 제	성경 문제를 듣고 답을 선택하세요

1. 태초에 말씀이 계시니라 하셨는데 말씀은 무엇을 말합니까? (1:1)
   ① 능력 ② 진리 ③ **하나님** ④ 사랑

2. 그 이름을 믿는자들에게는 무엇을 주신다고 하였습니까? (1:12)
   ① 자녀의 특권 ② 하나님의 종 ③ **자녀가되는 권세**

3. 예수님은 어머니와 어느 혼인 집에 가셨습니까? (2:1)
   ① 동네잔치 ② 친척집 혼인집
   ③ **갈릴리 가나 혼인집** ④ 외가집 잔치

4. 사람이 무엇으로 나지 아니하면 하나님의 나라에 들어갈 수 없습니까? (3:5)
   ① 믿음과 확신 ② **물과 성령** ③ 말씀과 진리

5. 예배하는 자가 무엇과 무엇으로 예배를 드려야 합니까? (4:24)
   ① 찬송과 기도 ② 말씀과찬양 ③ **영과 진리**

6. 베데스다 못에 있는 행각에 사람들이 왜 모였습니까? (5:4)

① 말씀을 듣기 위해 ② **병 고치기 위해** ③ 은혜받기 위해

7. 인자의 살과 피를 마시지 아니하면 무엇이 없다고 하셨습니까? (6:53)

① **생명이 없다** ② 성령이 없다 ③ 믿음이 없다

8. 누구든지 목 마르거든 마시라 그 배에서 무슨 강이 흘러 내립니까? (7:38)

① 성령의 강물 ② 은혜의 강물 ③ **생수의 강**

9. 사람이 내 말을 지키면 무엇을 보지 아니하리라? (8:51)

① 지옥을 보지 못한다 ② **영원히 죽음을** ③ 마귀를 보지 못함

10. 날때부터 소경된 자를 예수님은 어떻게 고치셨습니까? (9:6)

① **진흙을 이겨 눈에 바르다** ② 안약을 넣다 ③ 안수하고 기도함

11. 내가 문이니 누구든지 나로 말미암아 들어가면 무엇을 얻는다고 하셨나요? (10:9)

① 말씀을 받음 ② 원하는 것을 얻음 ③ **구원을 얻음**

12. 나는 부활이요 생명이니 나를 믿는자는 어떻게 됩니까? (11:26)

① **영원히 죽지 않음** ② 하늘나라로 간다 ③ 행복하게 산다

13. 마리아는 지극히 비싼 향유를 예수님께 어떻게 하였습니까? (12:3)

① **발에 붓고 머리털로 씻음** ② 예수님께 드렸다

③ 감사로 봉헌하다 ④ 팔아 가난한 자에게 주겠다고 했다

14. 예수님은 겉옷을 벗고 수건을 가져다가 허리에 두르고 대야에 물을 담아 무엇을 하였습니까? (13:5)

① 세수 하시다 ② 목욕을 하셨다 ③ **제자들의 발을 씻기시다**

15. 마음에 근심하지말라 하셨는데 왜 근심을 하지 말아야 합니까? (14:1~2)

① 돈이 많아서 ② 건강해서

③ 권력이 있어서 ④ **아버지 집에 거할 곳이 많으므로**

16. 가지가 포도 열매를 많이 맺으려면 어떻게 해야 합니까? (15:4)

① 거름을 줘야 ② 벌레를 잡아줘야

③ 물을 줘야 ④ **나무에 붙어 있어야**

17. 너희가 세상에서 환난을 당하나 어떻게 해야 합니까? (16:33)

① 기도하고 믿으면 된다 ② **담대 하라** ③ 싸워야 한다

18. 베드로가 검을 가지고 누구의 귀를 베어버렸습니까? (18:10)

① **대제사장의 종 말고** ② 안나스 ③ 가야바

19. 유대인들이 예수를 보고 무엇라고 소리를 질렀습니까? (19:14)

① 유대인의 왕이냐 ② 죄인 중에 죄인

③ 선지자 ④ **십자가에 못 박게 하소서**

20. 예수께서 십자가 위에서 돌아가시 전 하신 말씀은 무엇입니까? (19:30)

① **다 이루었다** ② 아버지께 가노라 ③ 믿고 세례를 받으라

21. 막달라 마리아가 무덤에 가서 누구를 만났습니까? (20:16)

① 동산 지기 ② 시몬 베드로 ③ **부활하신 예수님**

22. 예수께서 부활하사 제자들에게 오시어 무엇라고 하셨습니까? (20:19)

① 의리도 없는 제자들이에 ② 회개하라 ③ **평강이 있을지어다**

23. 베드로가 고기를 잡아 육지에 끌어 올리니 모두 몇 마리 였습니까? (21:11)

① 500 마리 ② 300 마리 ③ **153 마리** ④ 100 마리

24. 예수께서 시몬아 네가 나를 무엇하느냐 몇 번 물으셨습니까? (21:17)

① **사랑하느냐 세 번 물음** ② 진실로 믿느냐 ③ 충성 하느냐

문 제　　(　　) 안에 있어야 할 말을 써넣으세요

1. 그가 태초에 (　　) 과 함께 계셨고 (1:3~4)

① 사도요한　　② **하나님**

2. 가나 혼인 잔치에 (①)주가 (②)지라. (2:3)

① 매실, **포도**, 사과　② **모자란**, 떨어진, 없어지다

3. 진실로 네게 이르노니 사람이 (①)나지 아니하면 (②)의 나라를 볼 수 없느니라. (3:3)

① 회개, **거듭**, 사랑　② 하늘, 영원한, **하나님**

4. 내가 주는(①)을 마시는 자는(②)히 (③) 아니하리니 (4:14)

① 술, **물**, 말씀　② 끝까지, **영원**　③ **목마르지**, 갈증나지

5. 선한 일을 행한 자는 (①)로, 악한 일을 행한 자는 (②) 로 나오리라. (5:29)

① 영생의 부활, **생명의 부활**　② **심판의 부활**, 멸망의 부활

6. 나도 너를 (①)하지 아니하노니 가서 다시는 (②)를 범하지 말라 하시니라. (8:11)

① 버리지, **정죄**　② 불의, 악, **죄**

7. 이 병은 (①)이 아니라 하나님의 (②)을 위함이요. (11:4)

① 마귀가 주는, **죽을 병**　② 원하시는뜻, **영광**, 사랑

8. 새 계명을 주노니 서로 (①)하라. 내가 너희를 (②)한 것 같이 너희도 서로 (③)하라. (13:34)

① 실천, **사랑** ② 본 것, 사랑 ③ 기뻐, **사랑**

9. 진리의 (①)이 오시면 그가 너희를 모든 (②)가운데로 인도 하시리니 (16:13)

① 예수님, **성령** ② 축복, **진리**

10. 베드로가 또 부인하니 곧 (①)이 울더라. (18:27)

① **닭**, 사람들이, 마귀가

문 제 □ 안에 낱말을 쓰시고 ○ 안에 틀린것을 고치세요

1. □ 씀이 육신이 되어 우리 가운데 ⓘ임하시매 우리가 그의 □ □ 을 보니 아버지의 독생자의 영광이요. (1:14) **- 말, 거, 영광 -**

2. 항아리에 (술)을 채우라 하신즉 □ □ 까지 채우니. (2:7)
- 물, 아귀 -

3. 하나님이 (사)(람)을 이처럼 □ □ 하사 독생자를 주셨으니 (3:16)
- 세상, 사랑 -

4. 내 말을 듣고 또 나 보내신 이를 (듣)는 자는 □ □ 을 얻었고(책)(망)에 이르지 아니하나니. (5:24) **- 믿, 영생, 심판 -**

5. 내 (말)은 참된 □ □ 이요 내(몸)는 참된 □ □ 로다. (6:55)
- 살, 양식, 피, 음료 -

6. 너희가 내 □ 에 거하면 참으로 내(선)(생)가 되고 □ □ 를 알지니 진리가 너희를 □ □ 롭게 하리라. (8:31-32)
- 말, 제자, 진리, 자유 -

7. 내가 아버지를 아는 것 같으니(너)는 □ 을 위하여 □ □ 을 버리노라. (10:15) **- 나, 양, 목숨 -**

8. 우리 친구 □ □ □ 가 잠들었도다 내가 (살)(리)러 가노라. (11:11)
- 나사로, 깨우 -

9. 너희가 ㉠ 이름으로 □ □ 을 구하든지 내가 □ 하리니. (14:13)

- 내, 무엇, 행 -

10. ㉡를 떠나서는 너희가 □ □ 것도 할 수 ㉢ 느니라. (15:5)

- 나, 아무, 없 -

11. ㉣㉤㉥ 께서 내 안에 □ 가 아버지 안에 있는 것 같이 (17:21)

- 아버지, 내 -

12. 예수께서㉦㉧의 □ □ □ 를 지시고 □ □ 이라 하는 곳에 나오시니. (19:17)

- 자기, 십자가, 해골 -

13. 믿음 ㉨㉩자가 되지 말고 □ □ 자가 되라. (20:27)

- 없는, 믿는 -

14. □ □ 을 ㉪ 오른편에 던지라 그리하면 □ 으리라. (21:6)

- 그물, 배, 잡 -

15. 그물을 육지에 끌어 올리니 가득히 찬 큰 □ □ □ 가 □ □ □ 마리라. (21:11)

- 물고기, 백 쉰세 -

문 제 관계성이 있는 말에 줄로 연결하세요

1. ① 말씀이(1:14) · ㄱ 항아리
② 포도주(2:7) · ㄴ 육신이 되어
③ 니고데모(3:4) · ㄷ 38년 된 병자
④ 메시아(1:41) · ㄹ 영생의 부활
⑤ 베데스다(5) · ㅁ 그리스도
⑥ 선한 일을 행한 자(29) · ㅂ 거듭나지 아니하면

답 ① - ㄴ, ② - ㄱ, ③ - ㅂ,
④ - ㅁ, ⑤ - ㄷ, ⑥ - ㄹ

2. ① 평안을 끼치노니(14:27) · ㄱ 마음에 근심도 말고
② 너희가 한것 아님(15:16) · ㄴ 아버지의 것은 내 것
③ 너희는 환난을 당하나(16:33) · ㄷ 진리가 무엇이냐
④ 내 것은 아버지의 것(17:10) · ㄹ 대제사장과 아랫 사람
⑤ 빌라도(18:38) · ㅁ 내가 세상을 이겼노라
⑥ 십자가에못박게하소서(19:15) · ㅂ 내가 너희를 택함

답 ① - ㄱ, ② - ㅂ, ③ - ㅁ,
④ - ㄴ, ⑤ - ㄷ, ⑥ - ㄹ

문 제 　 문제를 듣고 단어를 맞추는 퀴즈

※ 사회자가 문제를 읽으면 그것과 연관된 단어를 말한다.

1. 만물이 그로 말미암아 지은 바 되다(요 1:3) ▶ 하나님
2. 내 아버지의 집이 장사하는 집이 아니요(요 2:16) ▶ 기도하는 집
3. 내가 주는 물은 영원히 목마르지 않음(요 4:14) ▶ 생수
4. 아들의 음성을 들을 때가 오나니 듣는자는(요 5:25) ▶ 살아남
5. 큰 바람과 파도가 일어남(요 6:18) ▶ 풍랑
6. 너희 중에 한 사람은 마귀니라(요 6:70) ▶ 가룟인 유다
7. 밤이 오리니 그때는(요 9:4) ▶ 아무일도 못함
8. 영원히 멸망치 않음(요 10:28) ▶ 영생
9. 마르다 마리아의 오빠(요 11:2) ▶ 나사로
10. 너희에게 새 계명을 주노니 서로 ~ 하라(요 13:34) ▶ 사랑
11. 내가 곧 길이요 진리요 생명이니(요 14:6) ▶ 예수님
12. 나는 포도나무요 너희는 ~ 니(요 15:5) ▶ 가지
13. 세상이 저희를 미워 하였사오니(요 17:14) ▶ 세상에속하지 않음
14. 진리가운데로 인도하시는 분(요 16:13) ▶ 성령
15. 네가 유대인의 왕이냐(요 18:33) ▶ 예수님

16. 예수를 풀어 주려고 했던 총독은(요 19:12) ▶ 빌라도

17. 다 이루었다 하시니(요 19:30) ▶ 돌아가심

18. 장례법대로 예수님을 어디에 장례했나(요 19:41) ▶ 새 무덤

19. 부활 후 제자들에게 예수께서 하신 말씀(요 20:19) ▶ 평강이 있을지어다

20. 숨을 내쉬며 이르되(요 20:22) ▶ 성령을 받으라

문 제 　한글 자음을 보고 단어를 알아 맞춘다

예 : ㅁ ㄹ ㅇ　　답 : 마리아

① ㅅ ㄱ ㅇ　답 삭개오

② ㄷ ㄹ ㄷ ㄱ　답 달리다굼

③ ㅇ ㅎ ㅇ　답 여호와

④ ㅅ ㅁ ㄹ ㅇ　답 사마리아

⑤ ㅇ ㄹ ㄱ　답 여리고

⑥ ㅅ ㄹ ㅈ　답 세리장

⑦ ㄴ ㄱ ㄷ ㅁ　답 니고데모

⑧ ㅅ ㅈ ㄱ　답 십자가

⑨ ㄱ ㄹ ㅅ ㄷ　답 그리스도

⑩ ㅇ ㄱ ㅂ　답 야고보

⑪ ㅂ ㄹ ㅂ　답 빌립보

⑫ ㄴ ㅅ ㄹ　답 나사로

⑬ ㅅ ㅇ ㅈ　답 송아지

⑭ ㄱ ㄹ ㅈ　답 가락지

⑮ ㅈ ㄱ ㅎ　답 지극히

문 제	성경을 바르게 읽고 빨리 읽는 퀴즈 게임

★ 남 · 여 그룹 대항전 ★

남 · 여 대표 각 3명 출전

* 이 퀴즈게임은 성경을 정확하게 정독하는 것을 가르치기 위한 것입니다. 성경을 한자 한자 자세히 정확하고 바르게 정독해야 한다.

□ 여자 그룹

1. 사도신경, 주기도문을 바르게 정확한 발음으로 빨리 읽는 게임

틀리면 실격, 다음 사람이 처음부터 다시 시작한다.

정확한 발음, 시간을 본다

▶ 사도신경, 주기도문 시 - 작

…………………………………… 끝나면 남자 그룹이 한다.

▨ 남자 그룹

2. 마태복음 1:1~ 17절까지 바르게 정확한 발음으로 빨리 읽는 게임

틀리면 실격, 다음 사람이 처음부터 다시 시작한다.

정확한 발음, 시간을 본다

▶ 마태복음 1장 1절 시 - 작

…………………………………… 끝나면 여자 그룹이 한다.

3. 지도교사가 출제하여 계속한다.

* 정확하게 빨리 읽는 그룹이 승리한다.

문 제	성경 목록(이름, 지명) 퀴즈

★ 남· 여 그룹 대항전 ★

남 자 여자 각 2사람이 한 팀이 된다.

1. 신 ·구약에 나오는 사람 이름을 암송한다.

남 자		여 자		남 자		여 자
모 세	··▶	아브라함	··▶	아 담	··▶	하 와
셈	··▶	함	··▶	야 벳	··▶	노 아
예 수	··▶	마리아	··▶	요 셉	··▶	야 곱

계속.....

2. 신 · 구약에 나오는 산 이름을 쓰세요.

에덴동산	··▶	시내산	··▶	세일산	··▶	에발산
모리아산	··▶	길보아산	··▶	헬몬산	··▶	다볼산
	··▶		··▶		··▶	

계속.....

3. 신 · 구약에 나오는 강 이름을 쓰세요.

요단강	··▶	유브라데	··▶	나일강	··▶	
	··▶		··▶		··▶	
	··▶		··▶		··▶	

계속.....

4. 담당 교사가 출제하여 계속한다. 막히는 팀이 패한다.

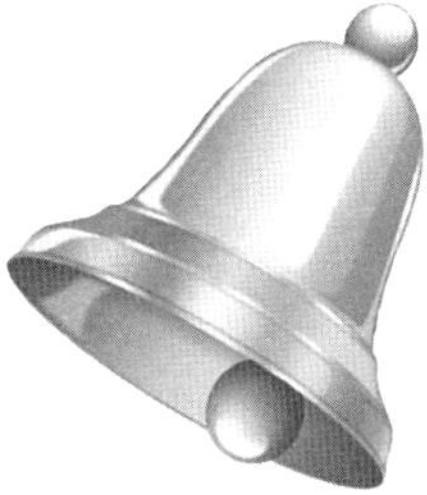

사도행전

문 제 성경 문제를 듣고 답을 선택하세요

1. 사도들에게 어디를 떠나지 말고 약속하신 것을 기다리하고 하셨나요? (1:4)
   ① 유다를 ② 베들레헴 ③ **예루살렘** ④ 이스라엘

2. 한곳에 모였더니 하늘로부터 무슨 역사가 나타났습니까? (2:3)
   ① 약한 바람 ② 방언이 터져 나옴 ③ **불의 혀 같이 갈라짐**

3. 베드로가 성전 미문에서 구걸하던 사람에게 한 말은? (3:6)
   ① 믿음대로 될지어다 ② 네 믿음이 너를 구원 하였느니라
   ③ **예수 그리스도의 이름으로 일어나 걸어라**

4. 아나니아의 마음 속에 사단이 가득하므로 어떻게 하였습니까? (5:3)
   ① 방언 기도하다 ② **그 값에서 얼마를 감추매** ③ 미워하매

5. 초대교회에 입곱집사를 택하고 사도는 무슨 일을 하였습니까? (6:4)
   ① 병자고치는 일 ② 구제하는 일 ③ **말씀 전하는 일**

6. 성령충만한 스데반이 예수께서 하나님 우편에 서신 것을 보고 한 말은? (7:56)
   ① 성령 충만함을 감사 ② **인자가 하나님 우편에서 서신 것을 보노라**

7. 빌립이 말씀을 전할 때 무슨 표적이 일어났습니까? (8:7)

① **더러운 귀신들이 나감** ② 귀머거리가 들음 ③ 소경이 눈을 뜸

8. 사울이 다메섹에 가는 도중 하늘로써 무슨 음성을 들었습니까? (9:4)

① 회개 하라 ② 개정하라 ③ **네가 어찌하여 나를 박해하느냐**

9. 고넬료는 이방 사람인데 어떻게 구원을 받았습니까? (10:2)

① 백성을 구제 ② 선한 일을 하다 ③ **하나님을 경외함**

10. 바나바는 어떤 사람입니까? (11:24)

① 나쁜 사람 ② 인정많은 사람 ③ **성령과 믿음이 충만한 사람**

11. 베드로가 잡혀 옥에 들어가니 교회에서는 어떻게 하였습니까? (12:5)

① 모르고 있었다 ② **간절히 기도함** ③ 울고 있었다

12. 사무엘이 목동 다윗을 만나니 어떤 사람이라고 하였습니까? (13:22)

① **내 마음에 합한 사람** ② 보잘 것 없다 ③ 어린 사람이로다

13. 바울이 루스드라에서 복음을 전하며 무어라고 하였습니까? (14:22)

① 믿어야 한다 ② 마귀와 싸워야 한다 ③ **많은 환난을 겪어야 한다**

14. 우리가 우상의 제물을 많이 먹습니다. 바울은 우상의 제물에 대하여 무엇이라고 말하였습니까? (15:29)

① 먹어도 좋다 ② 죄를 짓는 일이다 ③ **우상의 제물을 멀리하라**

15. 바울과 실라는 감옥에서 밤중에 무엇을 하였습니까? (16:25)

① **기도하면 찬송하다** ② 발악을 하였다 ③ 소리 높여 전도하다

16. 바울이 베뢰아 사람들에 대해 표현한 것에 해당되지 않는 것은? (17:11)

① **교만한 사람들** ② 너그러움 ③ 말씀을 받음 ④ 성경을 상고함

17. 바울의 손수건이나 앞치마를 병든 사람에게 얹으면 어떻게 되었나? (19:12)

① 병마가 들어오다 ② **병이 떠나고 악귀도 나감** ③ 소문이 퍼지다

18. 유두고라는 청년이 왜 창문에서 떨어져 죽었습니까? (20:9)

① 자살하였다 ② 세상을 비관하다 ③ **깊이 졸더니**

19. 사울이 다메섹 가다가 누구의 음성을 듣고 엎드러졌습니까? (22:8)

① 왕의 음성 ② **나사렛 예수** ③ 마귀의 음성

20. 바리새인과 사두개인이 다투면서 사두개인들이 없다고 말한 것이 아닌것은? (23:8)

① **하나님도 없다** ② 부활도 없고 ③ 천사도 없고 ④ 영도 없다

21. 장로와 병사들이 바울을 대제사장에게 고소하며 바울은 어떤 사람이라고 하였습니까? (24:5)

① 마귀들린 사람 ② **이단의 우두머리** ③ 미친 사람

22. 바울이 변론하니 베스도가 무엇이라고 하였습니까? (26:24)

① 네 말이 옳도다 ② **미쳤구나**

③ 거짓말이다 ④ 정신이 없구나

23. 바울이 알렉산드리아 배를 타고 가다가 큰 폭풍을 만났습니다. 그 이름은 무엇입니까? (27:14)

① 밤빌리아 ② 갈릴리 ③ **유라굴로** ④ 홍해

문 제 ( ) 안에 있어야 할 말을 써넣으세요

1. 성령이 너희에게 임하시면 너희가 (①)을 받고(②)과 온 유대와 사마리아와 땅 끝까지 이르러 내 증인이 되리라. (1:8)

   ① 능력, **권능** ② 이스라엘, **예루살렘**

2. 세례를 받고(①)을 받으라 그리하면 (②)을 받으리니 (2:38)

   ① **죄사함**, 불의 ② 말씀을 충만, **성령의 선물**

3. 천하 사람중에(①) 을 받을 만한 다른 (②)을 우리에게 주신일이 없음이라. (4:12)

   ① 축복, **구원** ② 증인, **이름**

4. 성령이 충만한 사람 (①)과 또 빌립과 브로고로와 니가노르와 디몬과 바메나와 유대교에 입교했던 안디옥 사람 (②)를 택하여 (6:5)

   ① 유다, **스데반** ② **니골라**, 누가

5. 보라 (①) 이열리고 인자가 (②)우편에 서신 것을 보노라 한 대 (7:56)

   ① 천국, **하늘** ② 성령님, **하나님**

6. 베드로가 이 말을 할때에 (①)이 말씀 듣는 (②)에게 내려오시니 (10:44)

   ① **성령**, 하나님이 ② **모든 사람**, 무리들

7. 주 예수를(①)그리하면 (②)와 네 집이 구원을 얻으리라. (16:31)

① 사랑하라, **믿으라** ② 우리, **너**

8. 바울이 그들에게 안수하매 성령이 그들에게 임하시므로 (①)도 하고 (②)도 하니 (19:6)

① **방언**, 기쁨 ② 사랑, **예언**

9. 이 백성에게 가서 말하기를 너희가 (①)도무지 (②)못하며 보기는 보아도 도무지 알지 못하는도다. (28:26)

① **듣기는 들어도**, 알기는 알아도 ② 회개치, **깨닫지**

10. 하나님 나라를 (①)하며 주예수 그리스도에 관한 모든것을 담대하게 (②) 가르치더라. (28:31)

① 전송, **전파** ② **거침없이**, 전도하여

문 제 □ 안에 낱말을 쓰시고 ○ 안에 틀린것을 고치세요

1. 예루□ 렘을 떠나지 말고 내게서 들은 바 □ □ □ 께서 ㉮구 ㉯속하신 것을 기다리라. (행1:4)

- 살, 아버지, 약속 -

2. 누구든지 □ 의 이름을 부르는 자는 □ □ 을 얻으리라. (2:21)

- 주, 구원 -

3. □ 과 금은 내게 없거니와 ㉮너 게 있는 이것을 네게 주노니 나사렛□ 수 그리스도의 ㉮능 ㉯력으로 일어나 걸으라. (3:6)

- 은, 내, 예, 이름 -

4. 스데반이 성 □ ㉮가만하여 □ 늘을 우러러 주목하여 (7:55)

- 령, 충, 하 -

5. 네 기도와 □ □ 가 □ 나님 앞에 ㉮인 ㉯도되어 기억하신 바 되었으니 (10:4)

- 구제, 하, 상달 -

6. 갑자기 큰 □ □ 이 나서 ㉮앞 ㉯터가 움직이고 □ 이 곧 다 열리며 (16:26)

- 지진, 옥 터, 문 -

7. 이는 □ 민에게 생 ㉮사과 □ 흡과 □ 물을 친히 주시는 이심이라.(17:25)

- 만, 명, 호, 만 -

8. 너희가 □ 을 때에 □ □ 을 받았느냐. (19:2)

- 믿, 성령 -

9. 주는 것이 □ 는 것보다 (화)이 있다 하심을 기억하여야 할지니라. (20:35)

- 받, 복 -

10. 홀연히 □ □ 로부터 큰 (불) 이 나를 둘러 □ 치매 . (22:6)

- 하늘, 빛, 비 -

11. 내가 미 □ 것이 아니요 (흠)되고 온전한 □ 을 하나이다. (26:25)

- 친, 참, 말 -

12. 그 귀로는 □ 하게 듣고 그 □ 은 감았으니 이는 눈으로 □고 귀로 듣고 마음으로 □ 달아 돌아오면 내가 고쳐줄까 함이라. (28:27)

- 둔, 눈, 보, 깨 -

문 제 문제를 듣고 단어를 맞추는 퀴즈

※ 사회자가 문제를 읽으면 그것과 연관된 단어를 말한다.

1. 몇 명이 모여 마음을 같이하여 기도하였습니까?(행 1:15)	▶	120 명
2. 배가 터져 창자가 다 흘러 나온지라(행 1:18)	▶	가룟 유다
3. 교제하며 떡을 떼며~(행 2:42)	▶	기도에 힘씀
4. 소유를 팔아 그 값에서 얼마를 감추매(행 5:2)	▶	아나니아
5. 아브라함은 이삭을 몇 일만에 할례했나?(행 7:8)	▶	8일만에
6. 사울의 눈에서 비늘 같은 것이 벗겨져... (행 9:18)	▶	아나니야
7. 베드로가 시체를 향하여 일어나라 기도함(행 9:40)	▶	다비다
8. 옥에서 나온 베드로를 보고 기뻐한 종(행 12:13)	▶	로데
9. 주의 사자가 치니 충이 먹어 죽으니라(행 12:23)	▶	헤롯
10. 베드로의 옆구리를 누가 쳤을까요?(행 12:7)	▶	주의 사자
11. 바울은 무슨 업(일)을 하였나요 ?(행 18:3)	▶	장막 만드는 일
12. 하나님의 교회는 무엇으로 사셨습니까 ?(행 20:28)	▶	자기 피로
13. 나면서부터 로마 시민권을 가졌던 유대인은?(행 22:28)	▶	바울
14. 바울이 독사에게 물렸는데 어떻게 되었나?(행 28:6)	▶	신이라 불림

문 제 관계성이 있는 말에 줄로 연결하세요

1. 사복음서는 누가 기록하였습니까?

① 마태복음	•	ㄱ	마가
② 마가복음	•	ㄴ	사도요한
③ 누가복음	•	ㄷ	마태
④ 요한복음	•	ㄹ	누가

답 ① - ㄷ, ② - ㄱ, ③ - ㄹ, ④ - ㄴ,

2. 6일 동안에 무엇을 창조 하셨습니까 ?

① 첫째날	•	ㄱ	해와 달과 별
② 둘째날	•	ㄴ	새와 물고기
③ 셋째날	•	ㄷ	빛과 어두움
④ 넷째날	•	ㄹ	궁창
⑤ 다섯째날	•	ㅁ	사람과 짐승
⑥ 여섯째날	•	ㅂ	식물과 채소
⑦ 일곱째날	•	ㅅ	안식

답 ① - ㄷ, ② - ㄹ, ③ - ㅂ, ④ - ㄱ,
⑤ - ㄴ, ⑥ - ㅁ, ⑦ - ㅅ

문 제	스피드 퀴즈 게임

★ 남 · 여 그룹 대항전 ★

남·여 대표 각 2명 출전

※ 사회자가 카드를 보여주면 말과 행동으로 설명하면 대답한다.

남자 A (카드)		카드를 보고 설명		남자 B 설명을 듣고 대답	
1	아브라함	믿음의 조상, 이삭의 아버지	··▶	아브라함	모르면 통과
2	주 일	한 주의 첫 날, 예배 드리는 날	··▶	주 일	〃
3	주머니	양복이나 바지에 무엇을 넣는 것	··▶	주머니	〃
4	사 자	동물의 왕, 제일 무서운 동물	··▶	사 자	〃

카드를 만들어 계속 ... 시간을 정해 놓고 많이 맞추는 팀이 승리.

여자 A (카드)				여자 B	
1	노 아	방주를 만든 할아버지, 셈의 아버지	··▶	노 아	모르면 통과
2	주 름	나이들면 생기는 것 여자들이 싫어함	··▶	주 름	〃
3	죄 인	죄를 지은 사람 경찰이 잡는 사람	··▶	죄 인	〃
4	월 급	한달에 한번씩 받는 것, 일하고 받는 돈	··▶	월 급	〃

카드를 만들어 계속 ... 시간을 정해 놓고 많이 맞추는 팀이 승리.

로마서

문 제	성경 문제를 듣고 답을 선택하세요

1. 바울은 무엇을 위하여 택정함을 받았습니까? (1:1)
   ① 나라를 회복　　② 민족을 구원
   ③ **히니님의 복음**　　④ 살기 위하여

2. 복음을 부끄러워하지 않는 이유는 무엇입니까? (1:16)
   ① 은혜가 되므로　② 말씀이 좋아서　③ **하나님의 능력 이므로**

3. 하나님은 사람을 어떻게 취하십니까? (2:11)
   ① 인물을 중심　② **외모를 취하지 않음**　③ 마음을 보신다

4. 사람은 죄 아래 있다고 선언하시면서 무엇이라고 말씀하셨습니까? (3:10)
   ① **의인은 없나니 하나도 없다**　② 모두가 죄인　③ 사람은 악하다

5. 믿는 사람이 무엇으로 의롭게 되었습니까? (3:24)
   ① 하나님의 축복　② 성령으로　③ **하나님의 은혜로 값없이**

6. 환난 중에도 즐거워 하는 이유가 어디에 있습니까? (5:3~4)

① 믿음때문에 ② **환난은 인내와 연단과 소망을 이루므로**

③ 하나님의 은혜로 ④사랑때문에

7. 우리 옛사람이 예수와 함께 왜 십자가에 못 박혔습니까? (6:6)

① 구원을 위해 ② 천국 가려고

③ 축복을 위해 ④ **죄에서 종 노릇하지 아니하려고**

8. 우리의 지체를 무슨 무기로 드려야 합니까? (6:13)

① 의의 화살로 ② **의의 무기로**

③ 유익한 병기로 ④ 말씀의 검으로

9. 마음으로는 무슨 법을 육신으로는 무슨 법을 지켜야 합니까? (7:25)

· **마음으로는** ① 공법 ② **하나님의 법**

· **육신으로는** ① **죄의 법** ② 의의 법

10. 육신의 생각은 무엇이며 영의 생각은 무엇입니까? (8:6)

· **육신의 생각은** ① **사망** ② 마귀

· **영의 생각은** ① **생명과 평안** ② 기쁨

11. 하나님은 누구를 사랑하고 누구를 미워하였습니까? (9:13)

· **사랑한 자** ① **야곱** ② 에서

· **미워한 자** ① 유다 ② **에서**

12. 마음으로 믿어 의에 이르고 입으로 시인하면 무엇에 이르나요? (10:10)

① 하나님의 자녀가 된다 ② **구원에 이름**

③ 은혜를 받음 ④ 복음 받음

13. 만물이 어디서 나왔으며 어디로 돌아갑니까? (11:36)

① 자연에서 났으며 ② 유전적으로

③ 빅뱅으로 인해 ④ **주께서 나오고 주께로 돌아감**

14. 우리가 예수를 믿고 있지만 주를 어떻게 섬겨야 합니까? (12:11)

① 게으르게 ② 정당한 믿음으로 ③ **부지런히 열심히**

15. 밤이 깊고 낮이 가까웠으니 어떻게 하라고 하였습니까? (13:12)

① 정신을 차리고 ② 능을 준비하라

③ 열심히 ④ **어두움의 일을 벗고 빛의 갑옷을 입자**

16. 우리는 주님의 것인데 사나 죽으나 어떻게 살아야 합니까? (14:8)

① 열심히 믿고 ② 순교 정신으로

③ 복음 받음 ④ **죽으나 사나 주를 위해**

17. 하나님의 나라는 먹는 것과 마시는 것이 아니요 성령안에서 무엇과 무엇과 무엇입니까? (14:17)

① **의** ② 진리 ③ **평강** ④ 사랑 ⑤ **희락**

18. 무엇 때문에 하나님의 사업을 무너지게 말라고 하였습니까? (14:20)

① 돈 때문에 ② 욕심 ③ **음식으로 인하여** ④ 사랑

19. 믿음으로 좇아 하지 아니하는 모든 것은 무엇이라고 하였습니까? (14:23)

① 불의　② 악행　③ **죄**　④ 선한일

20. 우리는 각 사람이 이웃을 기쁘게하되 어떻게 하라고 하였습니까? (15:2)

① 도와주며　② **선을 이루고 덕을 세움**

③ 사랑하며　④ 적극적으로

21. 우리가 하나님께 영광을 돌리되 무엇으로 하라고 하였습니까? (15:6)

① **한 마음과 한 입**　② 진실로　③ 행 하므로　④ 기쁨으로

22. 너희는 무엇을 하는데 지혜롭고 무엇을 하는데 미련하다고 하였습니까? (16:19)

· **지혜로운데**　① **선행**　② 욕망

· **미련한데**　① 순행　② **악행**

23. 교훈을 거슬러 분쟁을 일으키거나 거치게 하는 자를 어떻게 하여야 합니까? (16:17)

① 조심하라　② 무관심하라　③ **그들에게서 떠나라**

문 제 (   ) 안에 있어야 할 말을 써넣으세요

1. 예수님은 육신으로는 (①)의 혈통, 성결의 영으로는 죽은자들 가운데서 (②)하여 하나님의 아들로(③)되었으니 (롬1:4)

① **다윗** ② **부활** ③ **인정**

2. 하나님 앞에서는 율법을 (①)가 의인이 아니요 오직 율법을 (②) 라야 의롭다 하심을 얻으리니 (2:13)

① **듣는 자** ② **행하는 자**

3. 모든 사람이 (①)를 범하였으매 (②) 에 이르지 못하더니 (3:23)

① **죄** ② **하나님의 영광**

4. 그러므로 한 사람으로 말미암아 (①)가 세상에 들어오고 죄로 말 미암아 (②) 이 들어왔나니 (5:12)

① **죄** ② **사망**

5. 한 사람의 순종하지 아니함으로 (   ) 많은 사람이 죄인 된 것같이 한 사람이 순종하심으로 (   ) 많은 사람이 의인이 되리라. (5:19)

· **순종치 아니한 한 사람 = 아담**

· **한 사람이 순종한 사람 = 예수 그리스도**

6. 누구든지 그리스도의 (①)이 없으면 그리스도의 (②) 아니라. (8:9)

① **영** ② **사람**

7. 그러므로 믿음은 (①)에서 나며 들음은 그리스도의 (②)으로 말미암았느니라. (10:17)

① **들음** ② **말씀**

8. 너희를 핍박하는 자를 (①)하라. 축복하고 (②)하지 말라. (12:14)

① **축복** ② **저주**

9. 오직 주 예수 그리스도로(①) 입고(②)을 위하여 육신의 일을 (③) 하지 말라. (13:14)

① **옷** ② **정욕** ③ **도모**

문 제　□ 안에 낱말을 쓰시고 ○ 안에 틀린것을 고치세요

1. 하나님께서 각 사람에게 그 □ 한대로 ㊀사 응하시되 (롬2:6)

- 행, 보 -

2. 하나님의 은혜로 (돈) 없이 □ □ 다 하심을 얻은 자 되었느니라. (3:24)

- 값, 의롭 -

3. 한 사람의 범 □ 로 말미암아 (고)(통)이 그 한사람을 통하여 □ 노릇 하였은즉 (5:17)

- 죄, 사망, 왕 -

4. 죄로부터 □ □ 되어 (익) 에게 □ 이 되었느니라. (6:18)

- 해방, 의 , 종 -

5. 오호라 나는 □ □ 한 사람이로다 이 (고)(통)의 몸에서 누가 □ 를 건져 내랴. (7:24)

- 곤고, 사망, 나 -

6. 그의 뜻대로 □ □ 심을 입은 자들에게는 모든 것이 (일)(심)하여 □ 을 이루느니라. (8:28)

- 부르, 합력, 선 -

7. 높은 마음을 □ 지 말고 도리어 □ □ 워 하라. (11:20)

- 품, 두려 -

8. 너희 □ 을 하나님이 (즐)(겨)하시는 □ □ 한 산 제사로 드리라. (12:1)

- 몸, 기뻐, 거룩 -

9. 네 □ □ 가 주리거든 먹이고 ㊐입 마르거든 마시게하라. (12:20)

- 원수, 목 -

10. 즐거워하는 자들과 □ □ 즐거워하고 ㊐웃는 자들로 함께 울라. (12:15)

- 함께, 우 -

11. 피차 □ □ 의 빚 외에는 아무에게든지 ㊐어㊐떤 빚도 지지말라. (13:8)

- 사랑, 아무 -

12. 그러므로 사랑은 □ □ 의 완성이니라. (13:10)

- 율법 -

13. 이러므로 우리가 □ □ 의 일과 서로㊐공을 세우는 일을 힘쓰나니. (14:19)

- 화평, 덕 -

문 제 관계성이 있는 말에 줄로 연결하세요

1. ① 부모를 거역하는 자(1:30)	•	ㄱ 이방인의 하나님도 되심
② 율법이 없어도(2:15)	•	ㄴ 은혜가 더욱 넘쳐나니
③ 이방인의 하나님(3:29)	•	ㄷ 정죄함이 없나니
④ 죄가 더한 곳에(5:20)	•	ㄹ 일군 뵈뵈
⑤ 예수안에 있는 자(8:1)	•	ㅁ 사형에 해당
⑥ 겐그레아 교회(16:1)	•	ㅂ 양심이 증거가 됨

답 ① - ㅁ, ② - ㅂ, ③ - ㄱ, ④ - ㄴ, ⑤ - ㄷ, ⑥ - ㄹ

2. ① 복음은구원을주시는 하나님의 능력(1:16)	•	ㄱ 부끄러움	•	가 또한 헬라인
② 그리스도의 사랑에서 끊으리요(8:35)	•	ㄴ 마음으로 믿으면	•	나 변화를 받으라
③ 믿는자는(10:11)	•	ㄷ 마음을 새롭게	•	다 성령안에서 의와 평강
④ 입으로 예수를 시인하며(10:9)	•	ㄹ 첫째는 유대인	•	라 구원을 얻으리니
⑤ 이 세대를 본 받지 말고(12:2)	•	ㅁ 먹는것이아니요	•	마 피박이나 기근이나
⑥ 하나님의 나라는 (14:17)	•	ㅂ 환난이나 곤고나	•	바 당치 아니하리라

답 ① - ㄹ - 가, ② - ㅂ - 마, ③ - ㄱ - 바,
④ - ㄴ - 라, ⑤ - ㄷ - 나, ⑥ - ㅁ - 다

문 제 　 성경 목록 바로 맞추기 퀴즈

1. □ 안에 빠진 것을 넣으세요.

출 □ 굽 □, 여호 □ □, □무엘상, 말 □ 기, □ 헤미 □, □ 나, □ 세아, □사야, 다 □ 엘, □ 편, 잠 □ , □모스

답 출애굽기, 여호수아, 사무엘상, 말라기, 느헤미야 , 요나, 호세아, 이사야, 다니엘, 시편, 잠언, 아모스.

2. 구약 성경 목록 중 틀린 것을 바로 고치세요.

멀랴기 , 찬세기 , 오나 , 에레미아 , 장엉 , 여호스야 , 욮기 , 출에급기 밍수기 , 에수터 , 댜니앨 , 막가

답 말라기, 창세기, 요나,에레미야, 잠언, 여호수아, 욥기, 출애굽기, 민수기, 에스더, 다니엘, 미가.

3. 구약 목록 중에 "기"자 있는 목록을 쓰시오.

답 창세기, 출애굽기, 레위기, 민수기, 신명기, 사사기, 룻기, 열왕기상·하, 욥기, 말라기

4. 모세의 오경 (모세가 기록한 오경)은 무엇 무엇 입니까?

답 창세기, 출애굽기, 레위기, 민수기, 신명기

5. 바울이 옥중에서 기록한 (옥중서신)은 무엇 무엇 입니까?

답 에베소서, 빌립보서, 골로새서, 빌레몬서

6. 구약 중에 사람 이름으로 목록이 된 목록 다섯 이상을 쓰시오.

답 여호수아, 룻기, 사무엘, 에스더, 느헤미야, 욥기

7. 지혜의 왕 솔로몬이 쓴 성경은 무엇 무엇일까요?

답 잠언, 전도서, 아가

8. 신 구약은 모두 몇 권으로 되어 있습니까?

답 구약 39권 + 신약 27권 = 66권

암기방법 3 × 9 = 27 + 39 = 66권

9. 목록 앞 뒤 목록을 맞추는 스피드 퀴즈

* 선생님이 질문하면 손을 들고 대답한다.

☞ 여호수아 다음 목록은? (사사기)

☞ 열왕기상 다음 목록은? (열왕기하)

☞ 시편 앞 목록은? (욥기)

☞ 호세아 다음 목록은? (요엘)

☞ 요나 앞 목록은? (오바댜)

☞ 말라기 앞 목록은? (스가랴)

☞ 출애굽기 다음 목록은? (레위기)

☞ 욥기 다음 목록은? (시편)

☞ 하박국 앞 목록은? (나훔)

☞ 잠언 다음 목록은? (전도서)

▶ 문제를 만들어서 계속....

문 제　　한글 자음을 보고 단어를 알아 맞춘다

예 : ㅇ ㅅ　　답 : 예 수

① ㄹ ㅁ ㅅ	답	로마서
② ㅅ ㄱ ㅅ ㄱ	답	수군수군
③ ㅇ ㅂ	답	율법
④ ㅇ ㅇ	답	의인
⑤ ㅇ ㄷ	답	연단
⑥ ㅅ ㅅ ㅁ	답	새생명
⑦ ㅇ	답	왕
⑧ ㅇ ㅎ ㄹ	답	오호라
⑨ ㅌ ㄱ ㅈ ㅇ	답	토기장이
⑩ ㅂ ㄴ ㅁ	답	베냐민
⑪ ㅇ ㅅ	답	원수
⑫ ㄱ ㅇ	답	갑옷
⑬ ㅇ ㅂ ㅇ	답	이방인
⑭ ㅁ ㄱ ㄷ ㄴ	답	마게도냐
⑮ ㄱ ㅇ ㅇ	답	가이오

고린도전·후서

문 제 성경 문제를 듣고 답을 선택하세요

[고린도 전서]

1. 바울은 고린도 교회에 주예수의 이름으로 무엇을 권하였습니까? (1:10)
   ① 회개하고 사랑 ② 화목 하라 ③ **분쟁이 없이 같은 마음으로**

2. 영적인 일은 무엇으로 분별해야 합니까? (2:13)
   ① 말씀으로 ② 성령으로 ③ 능력의 기도로 ④ **영적인 것으로**

3. 나는 심었고 아볼로는 물을 주었으되 하나님은 무엇을 하였습니까? (3:6)
   ① 보았느니라 ② 기도하였음 ③ **자라나게 하였나니**

4. 그리고 맡은자 들에게 구할 것은 무엇입니까? (4:2)
   ① 순종 ② **충성** ③ 믿음 ④ 소망

5. 너희는 너희의 것이 아니라 값으로 산 것이니에서 값은 무엇을 말합니까? (6:19~20)
   ① 돈 ② **예수의 피 값** ③ 세상 것으로 ④ 권세

6. 우상의 제물을 먹으면 어떻게 됩니까? (8:7)

① **양심이 약해지고 더러워진다**　② 시험이 온다　③ 병이 온다

7. 면류관은 썩을 승리자의 관이 있고 썩지 아니할 승리자의 관이 있습니다. 어느 것을 얻어야 하까요? (9:25)

① 썩을 면류관　② 둘다 좋음　③ **썩지 아니할 승리자의 관**

8. 너희가 먹든지 마시든지 무엇을 하든지 무엇을 위하여 해야 합니까? (10:31)

① 나 자신을 위해　② 구원하기 위해　③ **하나님의 영광을 위해**

9. 주의 떡이나 잔을 합당치 않게 먹고 마시는 자는 어떻게 됩니까? (11:27)

① **주의 몸과 피에 죄를 범한다**　② 벌을 받는다　③ 구원받지 못함

10. 고린도 교회에 주신 은사는 몇 가지인지 은사를 쓰시오. (12:8~11)

① 3 가지　② 6 가지　③ **9 가지**

11. 그런즉 믿음 , 소망 , 사랑 이 세 가지는 항상 있을 것인데 그 중에 제일은 무엇입니까? (13:13)

① 믿음　② 소망　③ **사랑**　④ 권세

12. 그리스도께서 살지 못했으면 우리의 전파하는 것이 어떻게 됩니까? (15:14)

① 참 되도다　② **헛 것이요**　③ 구원이 없다

13. 만일 누구든지 주를 사랑하지 아니하면 무엇을 받을까요? (16:22)

① 징계를 받음　② **저주를 받음**　③ 음부에 들어간다

[고린도 후서]

14. 너희가 무슨 일이든지 뉘게 어떻게 하면 주님도 그러한다고 하였습니까? (2:10)

① **용서 하면** ② 싸우면 ③ 화목 하면

15. 주는 영이시니 주의 영이 계신 곳에는 무엇이 있습니까? (3:17)

① **자유가 있다** ② 천국이 있다 ③ 화평이 있다

16. 우리가 사방으로 우겨 쌈을 당하여도 싸이지 아니하는 이유는 무엇인가? (4:7~8)

① 믿음이 있다 ② 성령이 있다 ③ **보배가 있으므로**

17. 우리가 낙심하지 아니하노니 겉사람은 후패하나 속사람은 어떻게 됩니까? (4:16)

① 속사람도 죽는다 ② **날로 새로워 짐** ③ 천국의 소망이 있다

18. 장막집이 무너지면 영원한 집이 있는데 이 집은 누가 지었습니까? (5:1)

① 앞서가신 성도 ② 순교자들 ③ **하나님께서 지으신 집**

19. 누구든지 그리스도 안에 있으면 어떤 피조물입니까? (5:17)

① 능력의 피조물 ② 사람의 피조물 ③ **새로운 피조물**

20. 하나님께 드리는 헌금은 어떻게 하라고 하셨습니까? (8:3)

① 계산해서 ② **힘에 지나도록 자원** ③ 내 생활에 맞게 ④ 적당하게

21. 적게 심는 자와 많이 심는 자가 거둘 수 있는 양은? (9:6)

· **적게 심는 자** ① 많이 ② **적게**

· **많이 심는 자** ① **많이 거둠** ② 썩어버려

22. 사도바울은 환상과 계시를 볼 때 어디로 이끌려 갔습니까? (12:2)

① 하나님 품으로 ② **셋째 하늘** ③ 천국

23. 자만하지 않게 하기 위하여 바울에게 무엇을 주었습니까? (12:7)

① 고통 ② 시험 ③ **육체에 가시(사탄의 사자)**

문 제 ( ) 안에 있어야 할 말을 써넣으세요

1. 그리스도께서 나를 보내심은 (①)를 베풀게 하려 하심이 아니요 오직 (②) 을 전하게 하려 하심이로되 (고전 1:17)

   ① **세 례** ② **복 음**

2. 누구든지 하나님의 (①)을 더럽히면 하나님이 그 사람을(②)하시리라 하나님의 성전은(③)하니 (3:17)

   ① **성 전** ② **멸** ③ **거 룩**

3. 그리스도 안에서 일만 (①)이 있으되 아버지는 많지 아니하니 그리스도 예수 안에서 내가 (②)으로써 너희를 (③)이라 . (4:15)

   ① **스 승** ② **복 음** ③ **낳았음**

4. (①)한 자가 하나님의 나라를 (②)으로 받지 못할 줄을 알지 못하느냐 (6:9)

   ① **불 의** ② **유 업**

5. 우리에게는 한 하나님 곧 (①)가 계시니 만물이 (②) 났고 (8:6)

   ① **아버지** ② **그에게서**

6. 모세의 율법에 (①) 떠는 소에게 (②) 을 씌우지 말라 (9:9)

   ① **곡식을 밟아** ② **망**

7. 그런즉 (　①　) 생각하는 자는 넘어질까 (　②　) 하라 (10:12)

① **선줄로**　　　　② **조 심**

8. 여자가 남자를 위하여 지음을 받은 것이니, 여자는 누구며 남자는 누구입니까?

여자 = 하와　　　　　　　**남자 = 아담**

9. 방언을 말하는 자는 사람에게 하지 아니하고 누구에게 합니까? (14:2)

① **하나님**　　　　② 마귀

문 제 □ 안에 틀린것을 고치세요

1. 찬송하리로다 그는 우리 주 예수 [여호와]의 하나님이시요 [축복]의 아버지시요. (고후 1:3)

· 여호와 = **예수 그리스도** 축복 = **자 비**

2. 박해를 받아도 [죽게] 되지 아니하며 거꾸러뜨림을 당하여도 [흥]하지 아니하고 (고후 4:9)

· 죽 게 = **버린 바** 흥 = **망**

3. 보이는 것은 [영원] 이요 보이지 않는 것은 [잠깐] 함이라. (고후 4:18)

· 영원 = **잠 깐** 잠깐 = **영 원**

4. 우리가 다 반드시 그리스도의 [거울] 앞에 나타나게 되어 각각 [죄악] 간에 그 몸으로 [실천] 을 따라 받으려 함이라. (고후 5:10)

· 거울 = **심판대** 죄악 = **선 악** 실천 = **행한 것**

5. 우리가 만일 [잘못되어도] 하나님을 위한 것이요 정신이 [바로] 하여도 너희를 위한 것이니 (고후 5:13)

· 잘못되어도 = **미쳤어도** 바로 = **온 전**

6. 각각 그 마음에 정한 대로 할 것이요 아쉬움 으로나 강제 로 하지 말지니 (고후 9:7)

· 아쉬움 = **인색함** 강제 = **억 지**

7. 이것이 내게서 떠나가게 하기 위하여 내가 한 번 주께 간구하였더니 나에게 이르시기를 내 은 사 가 네게 착 하도다 . (12:8-9)

· 한 번 = **세 번** 은사 = **은혜** 착 = **족**

8. 우리는 예 수 를 거슬러 모든 것 도 할 수 없고 오직 진리를 위할 뿐이니 (13:8)

· 예수 = **진리** 모든 것 = **아무 것**

문 제　관계성이 있는 말에 줄로 연결하세요

1. ① 십자가의 도가 멸망하는 자(1:18) ·　　ㄱ 오직 능력에 있음이라
② 십자가에 못 박히신 것 외에(2:2) ·　　ㄴ 내게 화가 있을 것임이로다
③ 하나님의 나라는(4:20) ·　　ㄷ 피할 길을 내사 감당하게 하신다
④ 복음을 전하지 아니하면(9:16) ·　　ㄹ 많은 사람을 부요하게 하고
⑤ 감당못할 시험을 허락하지(10:13) ·　　ㅁ 미련한 것이요
⑥ 가난한 자 같으나(6:10) ·　　ㅂ 아무것도 알지 아니하기로

답 ① - ㅁ, ② - ㅂ, ③ - ㄱ, ④ - ㄴ, ⑤ - ㄷ, ⑥ - ㄹ

2.

① 세상의 천한 것들(1:28) ·	ㄱ 자기를 칭찬하는자가 아니요 ·	가 또 그 중에 제일은 사랑
② 믿음, 소망, 사랑(13:13) ·	ㄴ 멸시 받는 것들 ·	나 빛과 어두움이 어찌 사귀며
③ 옳다 인정함을 받은자는(10:18) ·	ㄷ 죽은 자들이 썩지 아니하고 ·	다 있는 것들을 폐하게
④ 너희는믿지않는자와(6:14) ·	ㄹ 항상 주의 일에 더욱 힘쓰고 ·	라 수고가 주안에서 헛되지 않음
⑤ 순식간에홀연히 변화(15:51) ·	ㅁ 멍에를 같이 하지말라 ·	마 다시 살고
⑥ 사랑하는 형제들아(15:58) ·	ㅂ 세 가지는 항상 있음 ·	바 주께서 칭찬하시는 자니라

답 ① - ㄴ - 다, ② - ㅂ - 가, ③ - ㄱ - 바,
④ - ㅁ - 나, ⑤ - ㄷ - 마, ⑥ - ㄹ - 라

문 제 　성경 목록 바로 맞추기 퀴즈

1. □ 안에 빠진 것을 넣으세요.

요□계 □ 록, □태 복 □,갈 □디□서, 디□서,에 □ 소 서, □린도서,야□보서,□ 드로전서,□ 브리□,빌□ 몬서,데□ 로□가전서

답 요한계시록, 마태복음, 갈라디아서, 디도서, 에베소서, 고린도서, 야고보서, 베드로전서, 히브리서, 빌레몬서, 데살로니가전서.

2. 신약 성경 목록 중 틀린 것을 바로 고치세요.

미가복음, 유데서, 베두로진서, 다도셔, 누가서음, 갈리디아, 빌렙보 서, 노마서, 약고보서, 데모데전서, 골료세서, 요한서 1

답 마가복음, 유다서, 베드로전서, 디도서, 누가복음, 갈라디아, 빌립보서, 로마서, 야고보서, 디모데전서, 골로세서, 요한1서

3. 공관복음이 무엇 무엇입니까?

답 마태복음, 마가복음, 누가복음

4. 구약·신약 목록을 누가 가장 정확하게 빨리 암송하는가?

(틀리지 않고 정확하게 빨리 암송) 시간 정함 노래로도 할 수있음.

5. ○ 안에 빠진 것을 넣으시오.

○ 로 새 서, ○ 태 복 음, 빌 립 ○ 서, 유 다 ○, ○ ○ 디아서, ○ 마 서, 사 ○ ○ 전, 누 ○ 복 음

답 골로새서, 마태복음, 빌립보서, 유다서, 갈라디아서, 로마서, 사도행전, 누가복음

6. 제목 중에 제자 이름으로 된 제목은 무엇일까요?

답 마태, 마가, 누가, 요한, 디모데, 디도, 빌레몬, 야고보, 베드로, 유다

7. 제목 중에 지명으로 된 제목은 무엇 무엇일까요?

답 로마, 고린도, 갈라디아, 에베소, 빌립보, 데살로니가, 히브리

8. 제목 중에 전·후서가 있는 제목은 무엇 무엇입니까?

답 고린도전·후서, 데살로니가전·후서, 디모데전·후서,
베드로전·후서

9. 제목 중에 상·하로 된 제목은 무엇입니까?

답 시무엘 싱·하, 열왕기 상·하, 역대 상·하

10. 목록 앞 뒤 목록을 맞추는 스피드 퀴즈

☞ 마태복음 다음 목록은? (마가복음)

☞ 사도행전 앞 목록은? (요한복음)

☞ 고린도전서 다음 목록은? (고린도후서)

☞ 요한계시록 앞 목록은? (유다서)

☞ 디모데 후서 다음 제목은? (디도서)

☞ 히브리서 앞 목록은? (빌레몬서)

☞ 디도서 앞 목록은? (디모데후서)

☞ 에베소 앞 목록은? (갈라디아서)

☞ 빌립보서 다음 목록은? (골로새서)

☞ 야고보서 앞 목록은? (빌레몬서)

▶ 문제를 만들어서 계속....

문 제	맞다 아니다 퀴즈

★ 남 · 여 그룹 대항전 ★

문제를 듣고 맞다, 아니다로 퀴즈게임을 한다.

■ 남자 질문 2명 / 창세기 문제

1	우주만물을 창조하신 분은 하나님이시다.	맞다(모르면 통과)
2	하나님은 우주 만물을 5일 동안에 만드셨다.	아니다
3	하나님은 첫날에 사람부터 만드셨다.	아니다
4	하나님은 자기 형상대로 만드시고 복을 주셨다.	맞다
5	여자는 하나님께서 흙으로 만들었다.	아니다
6	하나님은 사람을 만드시고 이름을 하와라고 하였다.	아니다
7	인간 시조는 아담과 하와이다.	맞다
8	선악과를 처음으로 먹은 사람은 아담이다.	아니다

▶ 문제를 만들어서 계속...

□ 여자 질문 2명 / 마태복음 문제

1	요셉은 마리아의 남편이다.	맞다(모르면 통과)
2	예수님은 성령으로 잉태하였다.	맞다
3	아들을 낳으리니 그 이름을 하나님이라 하여라.	아니다
4	예수란 뜻은 성령이란 뜻이다.	아니다
5	임마누엘이란 뜻은 은혜란 뜻이다.	아니다
6	예수님은 베들레헴에서 나셨다.	맞다
7	헤롯왕은 예수님 탄생을 기뻐하였다.	아니다

▶ 문제를 만들어서 계속...

* 시간을 정해 놓고 정확하게 많이 맞춘 팀이 승리한다.

문 제	성경 정독 퀴즈

★ 남 · 여 그룹 대항전 ★

바르게 읽고, 빨리 읽는 퀴즈 게임

* 이 퀴즈게임은 성경을 정확하게 정독하는 것을 가르치기 위한 것입니다. 계시록 1:3절에 보면 이 예언의 말씀을 읽는자와 듣는자들과 그 가운데 기록한 것을 지키는 자들이 복이 있다고 말씀하셨습니다. 성경 한자 한자를 정확하게 빠르게 정독해야 한다.

▩ 남자 그룹 2명

1. 고린도전서 1장 1절에서 10절까지 바르게 정확하게 빨리 읽기
   * 틀리면 실격, 다음 사람이 읽는다.
   * 정확한 발음, 시간을 본다.

시 - 작 .... 끝나면 다음 문제로

□ 여자 그룹 2명

2. 고린도후서 1장 1절에서 10절까지 바르게 정확하게 빨리 읽기
   * 틀리면 실격, 다음 사람이 읽는다.
   * 정확한 발음, 시간을 본다.

시 - 작 .... 끝나면 다음 문제로

▶ 지도 교사는 출제하고 계속

* 정확하게 빨리 읽는 그룹이 승리한다.

문 제	성경 제목 노래와 복음송 부르기

★ 남 여 그룹 대항전 ★
(남 · 여 대표 각 3명)

1.	구약·신약 성경 제목 노래로 부르기

· 정확하게 불러야 하며 틀리면 실격, 다음 사람이 한다
· 창세기부터 ~ 계시록 까지 노래로 한다.

* 남자 팀이 끝나면 여자팀이 부른다.

2.	선생님이 정해주신 지정곡 부르기

3.	남·여 대표자 자유곡 부르기

지도교사는 정확하게 심사하여 승 패를 가린다.

★ 심사규정 ★

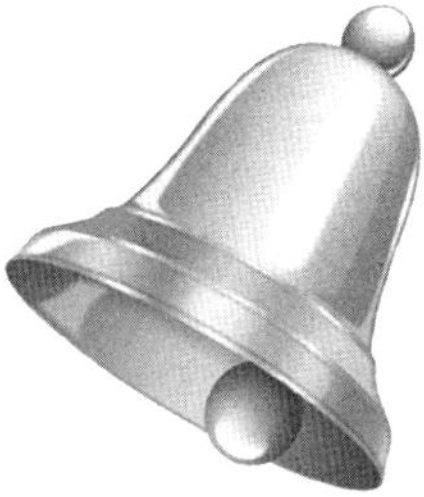

갈라디아서·에베소서 빌 립 보 서·골로새서

문 제	성경 문제를 듣고 답을 선택하세요

[갈라디아서]

1. 하늘로부터 온 천사라도 다른 복음을 전하면 어떻게 됩니까? (1:8)
   ① 심판을 받는다 ② **저주를 받는다** ③ 지옥에 들어간다

2. 의롭게 되는 것은 율법의 행위가 아닌 무엇을 믿음으로 납니까? (2:16)
   ① **예수 그리스도** ② 율법의 행위 ③ 십자가의 도 ④ 진리

3. 의인은 무엇으로 산다고 하였습니까? (3:11)
   ① 진리로 ② **믿음으로** ③ 성령으로

4. 이후로는 종이 아니요 아들이니 아들이면 무엇을 이을 자입니까? (4:7)
   ① 재산 상속을 ② 가정의 계보 ③ **유업을** ④ 가문을

5. 육체의 소욕은 무엇을 거스리고 성령의 소욕은 무엇을 거스립니까? (5:17)
   · **육체의 소욕은** = ① **성령** ② 선한 마음
   · **성령의 소욕은** = ① 믿음 ② **육체**

6. 우리가 선을 행하되 낙심하지 말찌니 때가 이르면 어떻게 됩니까? (6:9)

① 보응을 받음　② 면류관 받음　③ **거두리라**　④ 상금이 있음

[에베소서]

7. 우리가 그리스도 안에서 그의 은혜의 풍성함을 따라 무엇으로 죄사함을 받았습니까? (1:7)

① 말씀으로　② **그의 피**　③ 능력으로　④ 성령으로

8. 그 큰 무엇으로 인하여 허물로 죽은 우리를 그리스도가 함께 살리셨습니까? (2:4~5)

① 자비하심　② **그 큰 사랑으로**　③ 그 큰 믿음으로　④ 손길로

9. 주도 한분이시요 믿음도 하나요 세례도 하나요 하나님은 몇 분이십니까? (4:5)

① 세 분　② 두 분　③ **하나님도 한 분이시니**　④ 일곱분

10. 너희는 유혹의 욕심을 따라 썩어져가는 무엇을 벗어 버리고? (4:22)

① 욕심을 벗고　② **구습을 좇는 옛 사람**　③ 불신앙　④ 이방종교

11. 빛의 열매는 몇 가지 입니까? (5:9)

① **착함**　② **의로움**　③ 사랑　④ 정직　⑤ 말씀　⑥ **진실함**

12. 네 아버지와 어머니를 어떻게 하라고 하였습니까? (6:2)

① 믿으라　② **공경하라**　③ 사랑하라

[빌립보서]

13. 살든지 죽든지 내 몸에서 무엇을 존귀히 되게 하려 하나니? (1:20)

① 하나님 ② **그리스도** ③ 거룩한 ④ 성결한

14. 사람의 모양으로 나타나셨으며 자기를 낮추시고 어떻게 하셨습니까? (2:8)

① **죽기까지 복종** ② 십자가 지심

③ 무덤에 들어가심 ④ 희생

15. 우리의 시민권은 무엇을 말하며 어디에 있습니까? (3:20)

· **시민권** = ① **천국** ② 대한민국

· **어디에** = ① 지구상에 ② **하늘에**

16. 주 안에서 □ □ 기뻐하라. 내가 다시 말하노니 □ □ 하라.? (4:4)

· **항상** · **기뻐**

17. 아무 것도 (①) 하지 말고 다만 모든 일에 기도와 (②) 로 너희 구할 것을 (③) 함으로 하나님께 아뢰라 (4:6)

① **염려** ② **간구** ③ **감사**

[골로새서]

18. 만물이 그에게서 창조되되 또한 그가 만물보다 먼저 계시고 여기에서 그는 누구를 말합니까? (1:16-17)

① 성령 ② **하나님** ③ 예수님 ④ 여호와

19. 누가철학과 헛된 속임수로 너희를 사로잡을까 주의하라. 이것이 사람의 초등학문이라 이것은 무엇을 말하는가? (2:8)

① 인간교육 ② **세상 지식** ③ 인간의 지혜

20. 또 그 안에서 너희가 손으로 하지 아니한 할례를 받았으니 에서 할례는 무슨 뜻입니까? (2:11)

① 구원 ② **세례** ③ 속죄 ④ 회개

21. 위의 것을 생각하고 땅에 것을 생각지 말라. 위의 것과 땅의 것은 무슨 뜻입니까? (3:2)

· **위의 것** = ① **하나님의 일** ② 좋은 일

· **땅의 것** = ① 인간의 일 ② **세상 일**

22. 또 "무엇을 하든지 말에나 일에나" 다 무엇으로 하라고 하였습니까? (3:17)

① 믿음으로 하라 ② 사랑으로 ③ **주 예수의 이름** ④ 지혜롭게

23. 기도를 □ □ 하고 기도에 □ □ 함으로 깨어 있으라. (4:2)

· **계속** · **감사**

24. 누가는 예수님의 제자가 되기 전에 무슨 일을 하였습니까? (4:14)

① 전도사 ② 사업가 ③ **의사**

문 제 (　　　) 안에 있어야 할 말을 써넣으세요

1. 이는 내가 (①)에게서 받은 것도 아니요 (②) 것도 아니요 오직 예수 그리스도의 (③)로 말미암은 것이라 (갈 1:12)

① **사람**　　② **배운 것**　　③ **계시**

2. 내가 그리스도와 함께 (①) 에 못 박혔나니 그런즉 이제는 (②) 사는 것이 아니요 오직 내 안에 (③)께서 사시는 것이라. (갈 2:20)

① **십자가**　　② **내가**　　③ **그리스도**

3. 그는 (①)과 (②)로 죽었던 너희를 (③)셨도다 . (엡 2:1)

① **허물**　　② **죄**　　③ **살리**

4. 분을 내어도(①) 를 짓지 말며 (②)가 지도록 (③)을 품지 말고 (엡 4:26)

① **죄**　　② **해**　　③ **분**

5. 마귀의 간계를 능히 (①) 하기 위하여 하나님의(②)를 입으라 (엡 6:11)

① **대적**　　② **전신갑주**

6. 나의 간절한 기대와 (①) 을 따라 아무 일에든지 (②) 아니하고 (빌 1:20)

① **소망**　　② **부끄러워하지**

7. 오직 한 일 즉 뒤에 있는 것은 (①)버리고 앞에 있는 것을 (②) (빌 3:13)

① **잊어**　　② **잡으려고**

문제　□ 안에 틀린 것을 고치세요

1. 곧 창세 [후]에 그리스도 [밖]에서 우리를 [구]하사 (엡 1:4)

· 후 = **전**　　밖 = **안**　　구 = **택**

2. 우리가 다 하나님의 [자녀]을 믿는 것과 아는 일에 [　] 가 되어 (엡 4:13)

· 자녀 = **아들**　　**하나**

3. 아무 일에든지 [싸움] 이나 허영으로 하지 말고 오직 [신령] 한 마음으로 (빌 2:3)

· 싸움 = **다툼**　　신령 = **겸손**

4. 내게 [　] 주시는 자 안에서 내가 [　] 것을 할 수 있느니라 (빌 4:13)

· **능력**　　**모든**

5. 나의 하나님이 그리스도 예수 안에서 영광 가운데 그 [충만]한 대로 너희 모든 쓸 것을 [주]시리라(빌 4:19)

· 충만 = **풍성**　　주 = **채우**

6. 그는 몸인 교회의 [최고] 시라 그가 근본이시요 [산] 자들 가운데서 먼저나신 이시니(골 1:18)

· 최고 = **머리**　　산 = **죽은**

7. 너희가 서로 [참말]을 하지 말라 옛 [친구]과 그 행위를 [잃어]버리고(골 3:9)

· 참말 = **거짓말**　　친구 = **사람**　　잃어 = **벗어**

8. 이 모든 것 위에 사랑을 더하라 이는 완전 하게 매는 [   ] 니라 (골 3:14)

· 완전 = **온전** **띠**

9. 불의를 행하는 자는 악의 의 보응을 받으리니 주는 사람을 겉으 로 취하심 이 없느니라 (골 3:25)

· 악의 = **불의** 겉으 = **외모**

문 제	관계성이 있는 말에 줄로 연결하세요

1. ① 악한 세대에서 건지시려고(갈 1:4) • ㄱ 아브라함의 자손이다
② 기둥 같이 여기는(갈 2:9) • ㄴ 너희도 사랑 가운데 행하라
③ 그리스도께 속한 자면(갈 3:29) • ㄷ 그대로 행하는 자들을 보아라
④ 그리스도께서 사랑하신 것 같이(엡 5:2) • ㄹ 주께서 너희를 용서하신 것 같이
⑤ 너희는 나를 본 받으라(빌 3:17) • ㅁ 야고보, 게바, 요한
⑥ 서로 용납하여 용서하라(골 3:13) • ㅂ 자기 몸을 드리셨으니

답 ① - ㅂ, ② - ㅁ, ③ - ㄱ, ④ - ㄴ, ⑤ - ㄷ, ⑥ - ㄹ

2. ① 베드로 • ㄱ 예수를 판 제자
② 안드레 • ㄴ 첫 번째 순교자
③ 야고보(보아너게) • ㄷ 세리
④ 요한 • ㄹ 알패오의 아들
⑤ 빌립 • ㅁ 나다나엘
⑥ 바돌로매 • ㅂ 첫 번째 제자
⑦ 도마 • ㅅ 뱃세다 사람
⑧ 마태 • ㅇ 사랑의 사도
⑨ 야고보 • ㅈ 의심 많은 제자
⑩ 시몬 • ㅊ 반석
⑪ 다대오 • ㅋ 가나안 사람
⑫ 가룟유다 • ㅌ 가룟이 아닌 유다

답 ① - ㅊ, ② - ㅂ, ③ - ㄴ, ④ - ㅇ, ⑤ - ㅅ, ⑥ - ㅁ
⑦ - ㅈ, ⑧ - ㄷ, ⑨ - ㄹ, ⑩ - ㅋ, ⑪ - ㅌ, ⑫ - ㄱ

3.

① 더러운 말은 내지도 말고(엡 4:29) •	ㄱ 악한 날에 대적하고 •	가 성령의 충만을 받으라
② 술취하지 말라 (엡 5:18) •	ㄴ 그리스도 예수의 마음이니 •	나 손 할례당을 삼가고
③ 전신갑주를 취하라 (엡 6:13) •	ㄷ 행악하는 자들을 삼가고 •	다 주께 하듯하고
④ 너희 안에 이 마음을 품으라(빌 2:5) •	ㄹ 덕을 세우는데 소용대로 •	라 하나님과 동등됨
⑤ 개들을 삼가고 (빌 3:2) •	ㅁ 마음을 다하여 •	마 모든 일을 행한 후에 서기 위함
⑥ 무슨일을 하든지 (골 3:23) •	ㅂ 이는 방탕한 것이니 •	바 선한 말을 하라

답 ① - ㄹ - 바, ② - ㅂ - 가, ③ - ㄱ - 마,
④ - ㄴ - 라, ⑤ - ㄷ - 나, ⑥ - ㅁ - 다

4.

① 자랑의 면류관(살전 2:19) •	ㄱ 죽도록 충성
② 의의 면류관(딤후 4:7-8) •	ㄴ 고난을 받음
③ 생명의 면류관(계 2:10) •	ㄷ 양무리의 본
④ 영광의 면류관(벧전 5:3-4) •	ㄹ 절제하는 자
⑤ 썩지 아니하는 면류관 (고전 9:25) •	ㅁ 선한 싸움

답 ① - ㄴ, ② - ㅁ, ③ - ㄱ, ④ - ㄷ, ⑤ - ㄹ

문 제	글짓기 게임

★ 남 · 여 그룹 대항전 ★

예, 수, 사, 랑 글자로 글짓기 하세요.

▩ 남자 4명 A, B, C, D

A. 예 = 예수님을 사랑하면 나는 기뻐요.

B. 수 = 수군 거리지 말고 담대하게 복음을 전하자.

C. 사 = 사마리아 땅 끝까지 복음을 전하고 싶어요.

D. 랑 = 랑, 랑, 랑, 랑 찬송하며 하나님께 영광 돌리자.

▶ 다음 문제는 지도교사가 출제하여 계속....

기, 도, 하, 자 글자로 글짓기 하세요.

□ 여자 4명 A, B, C, D

A. 기 = 기도는 하늘 보좌를 움직이는 능력이 있다 기도로 통일하자.

B. 도 = 도마는 의심많은 제자입니다. 우리는 의심하지 말고 믿자.

C. 하 = 하늘나라는 우리의 소망 힘써 들어가자.

D. 자 = 자비하시고 사랑이 많으신 하나님 감사합니다.

▶ 다음 문제는 지도교사가 출제하여 계속....

내, 이, 름 으로 글짓기 해 보세요.

* 문제는 교사가 출제하며 공정하며 지혜롭게 심사한다.

데살로니가전·후서

문 제	성경 문제를 듣고 답을 선택하세요

[데살로니가전서]

1. 복음이 전해질 때 말로만 하는 것이 아니라 오직 능력과 성령과 또 하나는 무엇입니까? (1:5)
   ① 약속의 말씀 ② 은혜 ③ **큰 확신** ④ 지혜

2. 바울은 복음을 전할 때 폐를 끼치지 아니하려고 어떻게 복음을 전하였습니까? (2:9)
   ① 잠을 자지 않고 ② 열심히 일함 ③ **밤낮으로 일하면서**

3. 바울은 데살로니가 교인들의 얼굴 보기를 힘썼습니까 마음보기를 힘썼습니까? (2:17)
   ① **얼굴 보기를** ② 마음 보기를 ③ 사람 보기를

4. 형제들아 너희는 어떻게 행하며 무엇을 힘쓰라고 하였습니까? (4:1)
   ① 하나님의 영광 ② 복종하라
   ③ **하나님을 기쁘시게** ④ 순교

5. 하나님의 뜻은 이것이니 너희의 (　①　) 함이라 곧 (　②　)을 버리고 (4:3)

① **거룩**　　② **음란**

6. 소망없는 다른이와 같이 왜 슬퍼하지 말라고 하셨을까요? (4:14)

① 천국의 소망　② 영생함으로　③ **예수의 죽었다가 다시 사심**

7. 예수께서 강림하실 때 그리스도 안에서 죽은자들은 어떻게 됩니까? (4:16)

① 잠을 잔다　② **먼저 일어나고**　③ 영접한다　④ 무덤에 있다

8. 주의 날이 밤에 무엇같이 이룬다고 하셨습니까? (5:2)

① 우레 같이　② **도둑 같이**　③ 폭풍 같이

9. 우리는 다른 이들과 같이 무엇하지말고 어떻게 하라고 하셨습니까? (5:6)

① **자지 말고 깨어 있으라**　② 잠자고　③ 쉬지 말고

10. 항상 □ □ 하라 쉬지 말고 □ □ 하라 □ □ 에 감사하라 (5:16~18)

① **기뻐**　② **기도**　③ **범사**

11. 무엇을 소멸치 말고 무엇을 멸시치 말고 무엇을 취하라고 하셨습니까? (5:19~21)

① **성령**　② **예언**　③ **좋은 것**

12. 예수께서 강림하실 때까지 흠없게 보전하지 않아도 되는 것은? (5:23)

① 영　② **생각**　③ 혼　④ 몸

[데살로니가후서]

13. 환난을 받으면 무엇으로 갚으신다고 하셨습니까? (1:7)
 ① 면류관 ② **안식으로** ③ 상급으로 ④ 축복으로

14. 누구든지 일하기 싫어하거든 어떻게 하라고 하였습니까? (3:10)
 ① 편히 쉬어라 ② 죽어라 ③ **먹지도 말라** ④ 도와 주어라

15. 형제들아 너희는 선을 행하다가 어떻게 하라고 하였습니까? (3:13)
 ① **낙심하지 말라** ② 원망하라
 ③ 상급을 준다 ④ 복을 빌라

문 제　　(　　) 안에 있어야 할 말을 써넣으세요

1. 너희의 (①) 와 (②) 와 우리 주 예수 그리스도에 대한 (③) 를 우리 하나님 아버지 앞에서 끊임없이 기억함이니 (살전 1:3)

① **믿음의 역사**　② **사랑의 수고**　③ **소망의 인내**

2. 주야로 심히 간구함은 너희 (①) 을 보고 너희 (②) 이 부족한 것을 (③) 하게 하려 함이라 . (살전 3:10)

① **얼굴**　② **믿음**　③ **보충**

3. 그 후에 우리 살아 남은 자들도 그들과 함께 (①) 속으로 끌어 올려 (②) 에서 주를 영접하게 하시리니 . (살전 4:17)

① **구름**　② **공중**

4. 주님의 강림이 그들이 (①)하다 (②) 하다 할 그 때에 도적같이 오리니 (5:2~3)

① **평안**　② **안전**

5. 하나님을 (①)들과 우리 주 예수의 복음에 (②) 하지 않는 자들에게 형벌을 내리시리니 (살후 1:8)

① **모르는 자**　② **복종**

6. 누가 어떻게 하여도 너희가 (①)되지 말라 먼저 (②) 하는 일이 있고 저 (③) 의 사람 곧 멸망의 아들이 나타나기 전에는 그 날이 이르지 아니하리니 (살후 2:3)

① **미혹**　② **배교**　③ **불법**

문 제 　　　□ 안에 틀린것을 고치세요

1. 너희가 우리에게 들은 바 하나님의 말씀을 받을 때에 [사 단]의 말로 받지 아니하고 [선지자]의 말씀으로 받음이니 (살전 2:13)

· 사단 = **사람** 　　　 선지자 = **하나님**

2. 나 바울은 한번 두번 너희에게 가고자 하였으나 [귀신]이 우리를 막았도다 (살전 2:18)

· 귀신 = **사탄**

3. 우리의 소망이나 기쁨이나 자랑의 [상급]이 무엇이냐 그가 [하강]하실 때 우리 주 예수 앞에 너희가 아니냐 (살전 2:19)

· 상급 = **면류관** 　　　 하강 = **강림**

4. 너희는 다 [어두움]의 아들이요 [밤]의 아들이라 우리가 밤이나 어둠에 속하지 아니하나니 (살전 5:5)

· 어두움 = **빛** 　　　 밤 = **낮**

5. 그 때에 [이단]자가 나타나리니 주 예수께서 그 [힘]의 기운으로 그를 죽이시고 [부활]하여 나타나심으로 폐하시리라 (살후 2:8)

· 이단 = **불법한** 　　 힘 = **입** 　　 부활 = **강림**

6. 데살로니가서는 바울이 데살로니가 교회에 무엇으로 전하는 말씀입니까 맞는 곳에 ○표 하세요. (살후 3:17)

말로 전함 (　　) **편지로전함** (○) 기도로 전함 (　　)

문 제　관계성이 있는 말에 줄로 연결하세요

1. 이스라엘의 3대 명절

① 유월절 ·	ㄱ	오순절
② 맥추절 ·	ㄴ	장막절
③ 수장절 ·	ㄷ	무교절

답 ① - ㄷ, ② - ㄱ, ③ - ㄴ

2. 부부의 이름

① 아브라함 ·	ㄱ	이세벨
② 아므람 ·	ㄴ	밧세바
③ 이삭 ·	ㄷ	룻
④ 모세 ·	ㄹ	요게벳
⑤ 호세아 ·	ㅁ	리브가
⑥ 아합 ·	ㅂ	십보라
⑦ 우리아 ·	ㅅ	사래
⑧ 보아스 ·	ㅇ	고멜

답 ① - ㅅ, ② - ㄹ, ③ - ㅁ, ④ - ㅂ,
⑤ - ㅇ, ⑥ - ㄱ, ⑦ - ㄴ, ⑧ - ㄷ

3. 다니엘의 세 친구

① 사드락 ·	ㄱ	아사랴
② 메삭 ·	ㄴ	하나냐
③ 아벳느고 ·	ㄷ	미사엘

답 ① - ㄴ, ② - ㄷ, ③ - ㄱ

문 제	맞다 아니다 퀴즈

★ 남 · 여 그룹 대항전 ★

문제를 듣고 맞다, 아니다로 퀴즈게임을 한다.

■ 남자 질문 2명 / 출애굽기 문제 여자 대답 2명

1	이스라엘 자손은 생육이 번성하고 강대하였다.	맞다 모르면 통과
2	애굽왕은 이스라엘 민족이 아들을 낳으면 죽이라고 하였다.	맞다
3	모세는 바로 공주의 아들이 되었다.	맞다
4	모세란 뜻은 '물에서 건져 냈다'는 뜻이다.	맞다
5	모세는 애굽사람을 쳐 죽여 무서워 도망하였다.	아니다
6	모세는 미디언 제사장의 딸 십보라와 결혼하였다.	맞다
7	모세는 호렙산 떨기나무 불꽃 가운데서 하나님의 음성을 들었다.	맞다

▶ 문제를 만들어서 계속...

□ 여자 질문 2명 / 마가복음 문제 남자 대답 2명

1	세례요한은 광야에서 회개의 세례를 전파하였다.	맞다 모르면 통과
2	광야에서 메뚜기와 석청을 먹고 살았다.	맞다
3	예수님은 마태에게 요단강에서 세례를 받았다.	아니다
4	내가 너희로 사람을 낚는 어부가 되리라하신 사람은 요한이다.	아니다
5	예수님은 새벽 미명에 한적한 곳에서 주무셨다.	아니다
6	한 중풍병자가 예수님에게 찾아오는 것을 거절하였다.	맞다

▶ 문제를 만들어서 계속...

＊시간을 정해 놓고 정확하게 많이 맞춘 팀이 승리한다.

문 제 퍼즐 채우기 게임

※ 가로의 힌트와 세로의 힌트를 참고하여 빈칸을 채워 넣으세요.

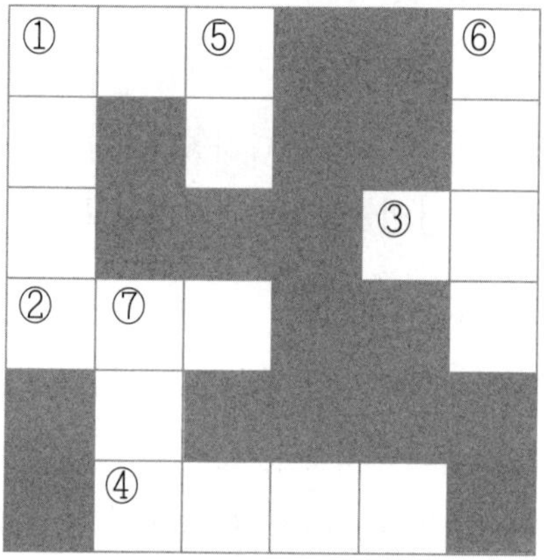

가로 열쇠

1. 예수님의 나심을 보리라고 약속을 받은 선지자 (눅 2:25)
2. 회당장으로 딸의 병을 고쳐 달라고 한 사람 (막 5:22)
3. 마리아가 성령으로 잉태하여 낳은 아들의 이름 (마 1:21)
4. 다니엘의 또 다른 이름 (단 1:7)

세로 열쇠

1. 유다의 마지막 왕 (왕하 25:7)
5. 부드럽고 어진 마음 (갈 5:23)
6. 모세의 후계자 (수 1:1)
7. 엘리야를 죽일려고 한 아합 왕의 아내 (왕상 19:2)

정답

① 시므온, 시드기야 ② 야이로 ③ 예수 ④ 벨드사살
⑤ 온유 ⑥ 여호수아 ⑦ 이세벨

디모데전·후서
디도서·빌레몬서

문 제	성경 문제를 듣고 답을 선택하세요

[디모데전서]

1. 바울과 디모데는 어떤 관계입니까? (1:2)
   ① 제자의 스승 ② 선지자와 종 ③ **믿음 안에서 참 아들**

2. 법은 누구를 위해 세웠습니까? (1:9)
   ① 옳은 사람을 위해 ② 절도를 위해 ③ **복종치 아니한 자**

3. 임금들과 높은 지위에 있는 모든 사람을 위하여 간구와 기도와 무엇을 하라고 하였습니까? (2:1-2)
   ① 치유와 봉사 ② **도고와 감사** ③ 섬김과 기도 ④ 충성과 전도

4. 여자에게 무엇을 허락지 아니하였습니까? (2:11-12)
   ① 지도자 ② 정치하는 것 ③ **남자를 주관하는 것**

5. 사람이 자기집을 다스릴 줄 모르는 사람은 무엇을 못합니까? (3:5)
   ① 통설력이 없음 ② 영도자가 불가 ③ **하나님의 교회를 돌아보지 못함**

6. 집사의 직분을 잘 하는자는 어떻게 됩니까? (3:13)

① 상급이 많다 ② 면류관을 쓴다 ③ **지위와 믿음의 담력을 주심**

7. 양심이 화인 맞으면 어떻게 됩니까? (4:1)

① **미혹케 되며 귀신의 가르침을 따름** ② 타락된 사람이 된다

8. 육체의 연습은 어떠하며 경건은 어떠합니까? (4:8)

· **육체의 연습** = ① 무익함 ② **약간의 유익**

· **경 건** = ① **범사에 유익** ② 무용지물

9. 자기 친족이나 가족을 돌아보지 않으면 어떤 사람이라고 하였습니까? (5:8)

① **불신자 보다 더 악함** ② 불법자 ③ 사형자

10. 우리가 세상에 올 때 무엇을 가지고 왔으며 갈 때는 무엇을 가지고 갑니까? (6:7-8)

· **세 상 에 올 때 = 아무것도 가지고 온 것 없음**

· **세상을 떠날 때 = 아무것도 가지고 못감**

11. 돈을 사랑하는 것은 무엇이 된다고 하였습니까? (6:10)

① 절도범 ② 욕심쟁이 ③ **일만 악의 뿌리** ④ 마귀의 종

12. 돈을 사랑하면 나타나는 현상이 아닌 것은 무엇입니까? (6:10)

① 미혹에 빠짐 ② 믿음에서 떠남

③ 근심에 빠짐 ④ **가정이 화목해짐**

[디모데후서]

13. 사도바울은 디모데를 어떻게 생각하였습니까? (딤후 1:3)

① 죽기까지 ② 죽도록 ③ **밤낮 간구하여 쉬지 않고 생각함**

14. 디모데를 위하여 배후에서 눈물로 기도한 사람은 누구입니까? (1:5)

① 선지자 ② **외조모 로이스** ③ 어머니 유니게 ④ 친구들

15. 승리자의 관을 얻도록 경기하려면 어떻게 하여야 합니까? (2:5)

① 피땀 흘려 ② **법대로** ③ 불법 하여 ④ 죽도록

16. 하나님 앞에서 무엇을 하지 말라고 하였으며 이것은 유익이 없고 망하게 한다고 하였습니까? (2:14)

① 싸움 ② **말다툼** ③ 불법행위 ④ 선동 행위

17. 경건의 모양은 있으나 경건의 능력은 부인하는 자를 어떻게 하라고 하였습니까? (3:5)

① **돌아서라** ② 사귀지 말라 ③ 멀리하라 ④ 보지도 말라

18. 때를 얻든지 못 얻든지 무엇을 하라고 하였습니까? (4:1-2)

① 구원 하라 ② 전도 하라 ③ **말씀을 전파하라** ④ 봉사하라

19. 바울은 선한 싸움을 싸우고 달려갈 길을 마치고 믿음을 지킨 결과 무엇이 예비되었습니까? (4:7-8)

① 생명의 면류관 ② 상급 ③ **의의 면류관** ④ 천국

[디도서]

20. 믿지 아니하는 자들에게는 무엇과 무엇이 더럽습니까? (1:15)
① 손과 발 ② **마음과 양심** ③ 생각과 입 ④ 눈과 귀

21. 주 안에서 늙은 남자에 해당되는 것에 동그라미를 치세요. (2:2)
절 제 (○), 겸 손 ( ), **경 건** (○), **신 중** (○),
믿 음 (○), **사 랑** (○), **인 내** (○), 순 종 ( ).

22. 주안에서 늙은 여자는 어떤 행실이 필요합니까? (2:3~5)
( ) ( )

23. 우리가 그의 은혜를 힘입어 의롭다 하심을 얻어 영생의 소망을 따라 어떤 자격을 얻게 되었나? (3:7)
① 아들 ② 동역자 ③ **상속자** ④ 딸

[빌레몬서]

24. 바울과 빌레몬과의 관계는 어떤 관계입니까? (1:1)
① 친구 ② 스승 ③ **동역자** ④ 아버지

25. 빌레몬의 종은 누구이며 바울의 전도로 신실한 제자가 된 사람은? (1:10)
① 데마 ② 마가 ③ **오네시모** ④ 아리스다고

문 제　　(　　) 안에 있어야 할 말을 써넣으세요

1. 그리스도 예수께서(①) 을 구원하시려고 세상에 임하셨다 하였도다 죄인 중에 내가 (②) 니라. (딤전 1:15)

① **죄인**　　② **괴수**

2. 하나님은 (①)이시요 또 하나님과 사람 사이에 (②)도 한 분이시니 곧 (③) 이신 그리스도 예수라 . (2:5)

① **한 분**　　② **중보자**　　③ **사람**

3. 집사들도 깨끗한 (①) 에 믿음의 (②)을 가진 자라야 할지니 (3:9)

① **양심**　　② **비밀**

4. 늙은이를 (①)말고 권하되 (②)에게 하듯 하며 (5:1)

① **꾸짖지**　　② **아버지**

5. 정함이 없는(①)에 소망을 두지 말고 오직 우리에게 모든 것을 후히 주사 누리게 하시는 (②) 께 두며 (6:17)

① **재물**　　② **하나님**

6. 하나님이 우리에게 주신 것은 두려워하는 마음이 아니요 오직 (①) 과 (②)과 (③) 하는 마음이니 (딤후 1:7)

① **능력**　　② **사랑**　　③ **절제**

7. 큰 집에는 4 종류의 그릇이 있습니다. 무엇 무엇 입니까? (2:20)

① **금**　　② **은**　　③ **나무**　　④ **질그릇**

8. 모든 성경은 하나님의 감동으로 된 것으로 무엇에 유익합니까? (3:16)

① **교훈**　　② **책망**　　③ **바르게 함**　　④ **의로 교육**

문 제	□ 안에 틀린것을 고치세요

1. 너를 지도한 예언을 따라 그것으로 [악한 마음]을 싸우며 [불신]과 착한 [소망]을 가지라 (딤전 1:18~19)

   · 악한 마음 = **선한 싸움**　　불신 = **믿음**　　소망 = **양심**

2. 집사들이 지켜야 할 일이 무엇입니까? (3:8)

   일구이언을 [할 것]　　술에 [마셔라]　　더러운 이를 [탐내라]

   · **하지 아니하며,**　　**인박이지 아니하고,**　　**탐하지 아니하며**

3. [오락]을 좋아하는 자는 살았으나 [불구자]느니라 (5:6)

   · 오락 = **향락**　　불구자 = **죽었**

4. 하나님은 복되시고 유일하신 [왕]이시며 만왕의 [아버지]이시며 만 주의 주시요 오직 [나]에게만 죽지 아니함이 있고 (6:15~16)

   · 왕 = **주권자**　　아버지 = **왕**　　나 = **그**

5. 어리석고 무식한 [언쟁]을 버리라 이에서 [전쟁]이 나는 줄 앎이라 (딤후 2:23)

   · 언쟁 = **변론**　　전쟁 = **다툼**

6. 그레데인 중의 어떤 선지자가 말하되 그레데인들은 항상 [의로운] 장이며 악한 [괴수]이며 배만 위하는 [도둑]라 (딛 1:12)

   · 의로운 = **거짓말**　　괴수 = **짐승**　　도둑 = **게으름뱅이**

7. 이단에 속한 사람을 [세 번] 훈계한 후에 [가까이] 하라(3:10)

· 세 번 = **한 두번**　　가까이 = **멀리**

8. 그리스도 예수를 위하여 갇힌 자 된 □ □ 과 및 형제 □ □ □ 는 우리의 사랑을 받는 자요 동역자인 □ □ □ 과 (몬 1:1)

· 바울　　**· 디모데**　　**· 빌레몬**

9. 그가 전에는 네게 [불의] 하였으나 이제는 나와 네게 [친] 하므로 (1:11)

· 불의 = **무익**　　친 = **유익**

문 제	한글 자음을 보고 단어를 알아 맞춘다

예 : ㄷ ㅁ ㄷ ㅈ ㅅ　　답 : 디 모 데 전 서

① ㄷ ㅁ ㄷ　답 디모데

② ㅁ ㄱ ㄷ ㄴ　답 마게도냐

③ ㄱ ㄹ ㅎ ㅅ　답 거룩한손

④ ㅇ ㄹ ㄷ ㅇ　답 아름다운

⑤ ㄷ ㅇ ㅅ ㄹ　답 돈을사랑

⑥ ㅇ ㄴ ㄱ　답 유니게

⑦ ㄹ ㅇ ㅅ　답 로이스

⑧ ㅅ ㅎ ㅆ ㅇ　답 선한싸움

⑨ ㄱ ㅎ　답 교훈

⑩ ㄷ ㄷ ㅅ　답 디도서

⑪ ㄱ ㄹ ㄷ　답 그레데

⑫ ㅇ ㅂ ㄹ　답 아볼로

⑬ ㅂ ㄹ ㅁ ㅅ　답 빌레몬서

⑭ ㅈ ㅂ　답 족보

⑮ ㅇ ㄹ ㅅ ㄷ ㄱ　답 아리스다고

문 제　관계성이 있는 말에 줄로 연결하세요

1. 전 신 갑 주(엡 6:13~18)

① 믿음	·	ㄱ	투구
② 의	·	ㄴ	방패
③ 진리	·	ㄷ	검
④ 평안의 복음	·	ㄹ	흉배
⑤ 구원	·	ㅁ	허리띠
⑥ 성령	·	ㅂ	신발

답 ① - ㄴ, ② - ㄹ, ③ - ㅁ, ④ - ㅂ, ⑤ - ㄱ, ⑥ - ㄷ

2. 십 계 명(신 5:7~21)

① 나외에	·	ㄱ 공경하라
② 너를 위하여	·	ㄴ 하지말라
③ 너희 하나님 이름을	·	ㄷ 말라
④ 안식일을 기억하여	·	ㄹ 거짓말하지 말라
⑤ 네 부모를	·	ㅁ 탐내지 말라
⑥ 살인	·	ㅂ 하지 말라
⑦ 간음하지	·	ㅅ 그날을 거룩히 지켜라
⑧ 도적질	·	ㅇ 망령되이 일컫지 말라
⑨ 네 이웃을 해치려고	·	ㅈ 우상을 만들지 말라
⑩ 네 이웃의 것을	·	ㅊ 다른신을 섬기지 말라

답 ① - ㅊ, ② - ㅈ, ③ - ㅇ, ④ - ㅅ, ⑤ - ㄱ,
⑥ - ㄴ, ⑦ - ㄷ, ⑧ - ㅂ, ⑨ - ㄹ, ⑩ - ㅁ

문 제	성경을 바르게 읽고 빨리 읽는 퀴즈 게임

★ 남· 여 그룹 대항전 ★

남여 대표 각 3명 출전

* 이 퀴즈게임은 성경을 정확하게 정독하는 것을 가르치기 위한 것입니다.
성경을 한자 한자 자세히 정확하고 바르게 정독해야 한다.

□ 여자 그룹

1. 빌레몬서 1장 1절에서 12절까지 바르게 빨리 읽기

틀리면 실격, 다음 사람이 처음부터 다시 시작한다.

정확한 발음, 시간을 본다

▶ 시 - 작

………………… 끝나면 여자 그룹이 한다.

▨ 남자 그룹

2. 빌레몬서 1장 13절에서 25절까지 바르게 빨리 읽기

틀리면 실격, 다음 사람이 처음부터 다시 시작한다.

정확한 발음, 시간을 본다

▶ 시 - 작

………………… 끝나면 남자 그룹이 한다.

3. 지도교사가 출제하여 계속한다.

* 정확하게 빨리 읽고 암송하는 그룹이 승리한다.

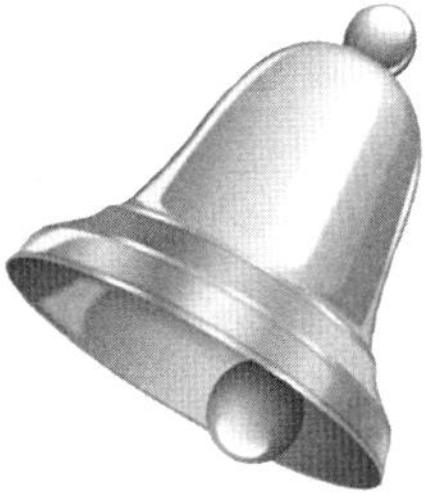

히브리서·야고보서

문 제 성경 문제를 듣고 답을 선택하세요

[히브리서]

1. 이 아들을 만유의 상속자로 세우시고 또 그로 말미암아 모든 세계를 지으신 분은 누구입니까? (1:2)

   ① 성령 ② **예수 그리스도** ③ 조물주

2. 우리를 천사보다 어떻게 만드셨습니까? (2:9)

   ① 우월하게 ② 능력있게 ③ **잠깐 동안 못하게** ④ 귀하게

3. 집마다 지은이가 있으니 만물을 지으신 이는 누구십니까? (3:4)

   ① 하나님의 아들 ② **하나님** ③ 노아

4. 하나님의 말씀은 무슨 힘이 있습니까? (4:12)

   ① 살았음 ② 불꽃같다 ③ **활력이 있음** ④ 능력이 있다

5. 우리에게 큰 대제사장이 있는데 이분은 누구이십니까? (4:14)

   ① 선지자 ② 하나님 아버지 ③ **하나님의 아들 예수**

6. 젖을 먹는자는 어떤 사람을 가리켜 말합니까? (5:13)

① 어린 사람 ② 초신자 ③ **의의 말씀을 경험하지 못한 자**

7. 하나님의 선한 말씀과 내세의 능력을 맛보고 타락한 자들은 어떻게 됩니까? (6:5~6)

① 음부에 들어감 ② 용서 한다 ③ **회개케 할 수 없나니**

8. 하나님은 전능하신 분이신데 못하는 것이 있습니다. 그것은 무엇일까요? (6:18)

① **거짓말** ② 금식 ③ 죄를 범함 ④ 심판

9. 멜기세덱은 어떤 신분을 가지고 있습니까? (7:1~2)

① 왕 ② 군인 ③ **하나님의 제사장**

10. 아브라함은 멜기세덱에게 무엇을 주었습니까? (7:2)

① 선물 ② **십분의 일** ③ 제물 ④ 보물

11. 대제사장은 무엇하기 위하여 세운 자입니까? (8:3)

① 나라를 치리 ② 재판 ③ **예물과 제사** ④ 하나님의 일

12. 지성소는 어디에 있습니까? (9:3)

① 성전에 ② 예루살렘에 ③ **둘째 휘장 뒤** ④ 제사하는곳

13. 언약궤(법궤)는 어디에 안치되어 있습니까? (9:4)

① 성소에 ② **지성소에** ③ 회당에 ④ 싸움터에

14. 잠시후면 오시는데 의인은 어떻게 살아야 합니까? (10:37-38)

① 기도하며 ② **믿음으로**

③ 주님을 기다리며 ④ 은혜로

15. 믿음은 바라는 것들의 무엇입니까? (11:1)

① 소망 ② **증거** ③ 기쁨 ④ 인내

16. 우리의 본향은 어디에 있습니까? (11:16)

① 지구상에 ② 출생지

③ **하늘** ④ 부모계신 곳

17. 우리 앞에 당한 경주를 하기 위해 가장 필요한 것은 무엇입니까? (12:2)

① 소망 ② 증거 ③ **인내** ④ 사랑

18. 주께서 그 사랑하시는 자를 축복도 하시지만 무엇을 하신다고 하셨습니까? (12:6)

① 사랑하심 ② 불쌍히 여김

③ 도와주심 ④ **징계하고 채찍질**

19. 손님대접을 어떻게 하여야 하며 부지중에 누구를 대접하였습니까? (13:2)

· **손님 대접** ① **잊지말라** ② 형편대로

· **부지 중에** ① 예수님 ② **천사**

20. 돈을 □ □ 치 말고 어떻게 하여야 합니까? (13:5)

① □ □ = **사랑** ② **있는 바를 족한 줄로 알라**

[야고보서]

21. 지혜가 부족하면 어떻게 하여야 합니까? (1:5)

① 배워야 한다 ② 노력해야

③ **하나님께 구하라** ④ 회개 해야

22. 시험을 당할 때 참아내면 이런자에게 무엇을 주신다고 하였습니까? (1:12)

① 기도해야 한다 ② 노력해야 한다 ③ **생명의 면류관을 주신다**

23. 네 이웃사랑하기를 어떻게 하여야 합니까? (2:8)

① 부모와 같이 ② 자녀와 같이

③ **네 몸과 같이** ④ 친절하게

24. 행함이 없는 믿음은 무엇과 같다고 하셨습니까? (2:26)

① 산 믿음이다 ② 인정을 못받음

③ 형식적이다 ④ **죽은 믿음**

문 제 ( ) 안에 있어야 할 말을 써넣으세요

1. 오직 우리가 천사들보다 (①) 동안 (②) 하게 하심을 입은 자 (히 2:9)

   ① **잠시** ② **못**

2. 우리가 믿는 도리의 사도이시며 (①)이신 예수를 (②)생각하라 (3:1)

   ① **대 제사장** ② **깊이**

3. 내가 반드시 너에게 (①) 복 주며 너를 번성하게 하고 (②)하리라. (6:14)

   ① **복 주고** ② **번성하게**

4. 대제사장이 홀로 (①) 들어가되 자기와 백성의 허물을 위하여 드리는 (②)없이는 아니하나니 (9:7)

   ① **일년에 한 번** ② **피**

5. 한번 (①)것은 사람에게 (②) 것이요 그 후에는 (③)이 있으리니 (9:27)

   ① **죽는** ② **정해진** ③ **심판**

6. 원수 갚는 것이 (①)있으니 내가 (②) (10:30)

   ① **내게** ② **갚으리라**

7. (①)이 없이는 하나님을 (②)시게 하지 못하나니 (히 11:6)

   ① **믿음** ② **기쁘**

문 제	□ 안에 틀린것을 고치세요

1. 믿음으로 노아 은 가인보다 더 나은 예물 를 하나님께 드림으로 감사하는 자라 하시는 확인 를 얻었으니(히 11:4)

   · 노아 = **아벨**　　예물 = **제사**　　확인 = **증거**

2. 그들이 이제는 더 나은 타향 을 사모하니 곧 이땅 에 있는 것이라 (히 11:16)

   · 타향 = **본향**　　이땅 = **하늘**

3. 주께서 그 사랑하시는 자를 칭찬 하시고 그가 받아들이시는 아들마다 훈계 질하심이라 하였으니 (히 12:6)

   · 칭찬 = **징계**　　훈계 = **채찍**

4. 부모 대접하기를 잊지 말라 이로써 부지중에 어른 들을 영접 한 이들이 있었느니라 (히 13:2)

   · 부모 = **손님**　　어른 = **천사**　　영접 = **대접**

5. 너희가 여러 가지 고통 을 당하거든 온전히 괴롭게 여기라 (약 1:2)

   · 고통 = **시험**　　괴롭게 = **기쁘게**

6. 네 이웃 예뻐 하기를 네 눈 과 같이 하라 (2:8)

   · 예뻐 = **사랑**　　눈 = **몸**

7. 영혼 없는 몸이 살은 것 같이 행함이 없는 행동 은 죽은 것이니라 (약 2:26)

   · 살은 것 = **죽은 것**　　행동 = **믿음**

8. 입 에 실수가 없는 자라면 곧 진실한 사람이라 (약 3:2)

   · 입 = **말**　　진실한 = **온전한**

문 제 맞다 아니다 퀴즈

★ 남 · 여 그룹 대항전 ★

문제를 듣고 맞다, 아니다로 퀴즈게임을 한다.

■ 남자 질문 2명 / 여자 대답 2명

(모르면 통과)

1 헤롯왕은 예수탄생 을 듣고 세 살 아래 남자 아이를 다 죽였다. 맞다

2 예수님은 40일 금식하시고 마귀에게 시험을 받았다. 맞다

3 예수님은 야고보와 요한을 제일 먼저 부르셨다. 아니다

4 예수께서 베드로의 장모가 열병을 보시고 고쳐 주셨다. 맞다

5 예수님은 마태를 사람을 낚는 어부가되게 하리라 하셨다. 아니다

6 예수님의 제자가 11제자이다. 아니다

▶ 문제를 만들어서 계속...

□ 여자 질문 2명 / 남자 대답 2명

(모르면 통과)

1 세례요한은 전도하다 순교를당했다. 아니다

2 예수님은 죄가 있어 재판을 받았다. 아니다

3 가룟유다는 예수님을 은 50에 팔았다. 아니다

4 예수님이 십자가를 지신 것은 우리를 구원하시기 위한 것이다. 맞다

5 예수님은 회당장 야이로의 딸을 살렸다. 맞다

6 백부장의 믿음을 보시고 하인의 병을 고쳤다. 맞다

▶ 문제를 만들어서 계속...

* 시간을 정해 놓고 정확하게 많이 맞춘 팀이 승리한다.

문 제 스피드 퀴즈 게임

★ 남 · 여 그룹 대항전 ★

남·여 대표 각 2명 출전

※ 사회자가 카드를 보여주면 말과 행동으로 설명하면 대답한다.

남자 A → 남자 B

	카드	카드를 보고 설명		설명을 듣고 대답	
1	천 지	하늘과 땅 (두글자)	··▶	천 지	모르면 통과
2	묵 상	말없이 조용히 기도 하는 것	··▶	묵 상	〃
3	벽 돌	집질때 쌓아 올라가는 것 흙으로 만든 돌	··▶	벽 돌	〃
4	목 자	양치는 사람 , 우리는 양 예수님은 ~	··▶	목 자	〃

카드를 만들어 계속 ... 시간을 정해 놓고 많이 맞추는 팀이 승리.

여자 A → 여자 B

	카드				
1	태 초	창세기 1:1절의 첫 머리	··▶	태 초	모르면 통과
2	치 마	여자들이 입는 아래 옷 바지가 아닌~	··▶	치 마	〃
3	옥수수	강냉이의 다른 말, 뻥튀기도 만듬	··▶	옥수수	〃
4	목 욕	몸을 씻는것	··▶	목 욕	〃

카드를 만들어 계속 ... 시간을 정해 놓고 많이 맞추는 팀이 승리.

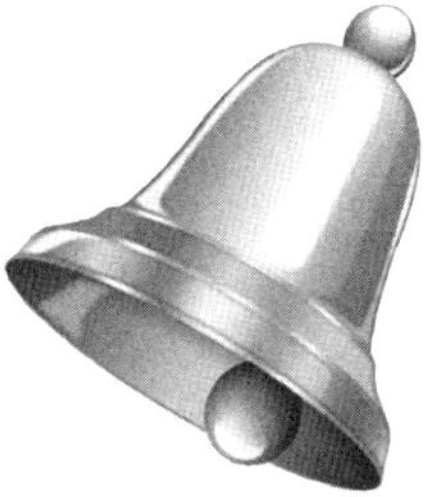

베드로전·후서

문 제 성경 문제를 듣고 답을 선택하세요

[베드로전서]

1. 시험을 인하여 근심하지 말고 기뻐하라고 하셨는데 왜 그럴까요? (1:6~7)
   ① **믿음을 연단하기 때문에** ② 마귀와 싸움 ③ 복이 온다

2. 풀은 마르고 꽃은 떨어지되 오직 주의 말씀은 어떻게 됩니까? (1:24~25)
   ① 없어 진다 ② 멸시된다 ③ **세세토록 있도다**

3. 갓난 아이들 같이 순진하고 신령한 젖을 사모하라고 하였는데 그 이유는 무엇일까요? (2:2)
   ① **구원에 이르도록 자람** ② 건강을 위해 ③ 성장하기 위해

4. 바울사도는 사람을 무엇으로 비유하였습니까? (2:11)
   ① 초로 ② **나그네**
   ③ 바람 ④ 허수아비

5. 단장은 아름다운 옷 외모로 하지 말고 신령한 것으로 하라 하셨는데 왜 그렇습니까? (3:3~4)

① **하나님 앞에 값진 것이니** ② 거룩 하므로 ③ 은혜로워

6. 악을 악으로 욕을 욕으로 갚지 말고 도리어 복을 빌라고 하였는데 그 이유는 무엇입니까? (3:9)

① **복을 유업으로 받음** ② 선한 사람된다 ③ 인정 받음

7. 사람의 정욕을 좇지 않고 육체의 남은 때를 어떻게 살라고 하였습니까? (4:2)

① 믿음으로 ② 성령의 인도 ③ **하나님의 뜻을 따라**

8. 오직 너희가 그리스도의 고난에 참예하는 것으로 어떻게 하여야 합니까? (4:13)

① 만족 하라 ② 원망함

③ **즐거워 하라** ④ 자랑함

9. 장로는 하나님의 양 무리를 치되 어떠한 마음 자세로 하여야 합니까? (5:2)

① 억지로 ② 기분대로

③ **자원함으로** ④ 즐겁게

10. 너희 염려를 어떻게 하라고 하였습니까? (5:7)

① 믿음으로 해결 ② 기도로 ③ **주께 맡겨 버리라**

[베드로후서]

11. 너희가 더욱 힘써 너희 믿음에 □ 을, 덕에 □ □ 을 지식에 □ □ 를, 절제에 □ □ 를, 인내에 경건을, 경건에 형제 우애를, 형제 우애에 사랑을 더하라. (1:5~7)

- 덕, 지식, 절제, 인내 -

12. 예언은 언제든지 사람의 뜻으로 낸 것이 아니요 누구의 감동이며 누구에게서 받았습니까? (1:21)

( ) ( )

13. 거짓 선지자들이 일어나 어떠한 행실을 하고 있습니까? (2:1)

① **주를 부인** ② 천국을 부인 ③ 멸망을 좋이함 ④ 지옥을 시인

14. 말세에 조롱하는 자들이 무슨 말로 현혹합니까? (3:3~4)

① 나를 믿으라 ② **주의 강림한다는 말이 어디있느냐**

15. 사랑하는 자들아 주께서 하루가 몇 년 같고 천년이 몇 일 같다고 하였습니까? (3:8)

① 하루가 천 년 ② **천 년이 하루**

③ 천 년이 사흘 ④ 사흘이 천 년

16. 주님의 재림이 더디다고 하는데 더딘 것이 아닌 그 이유를 쓰시오. (3:9)

( )

문 제 (   ) 안에 있어야 할 말을 써넣으세요

1. 예수 그리스도를 죽은 자 가운데서 (①) 하게 하심으로 말미암아 우리를 거듭나게 하사 (②) 이 있게 하시며 (벧전 1:3)

① **부활** ② **산 소망**

2. 사람에게는 (①) 되었으나 하나님께는 택하심을 입은 보배로운 (②) 이신 예수께 나아가 (벧전 2:4)

① **버린** ② **산 돌**

3. 방주에서 물로 말미암아 (①)을 얻은 자가 몇 명뿐이니 겨우 (②) 명이라. (벧전 3:20)

① **구원** ② **여덟**

4. 만물의 마지막이 가까이 왔으니 그러므로 너희는 (①) 을 차리고 (②) 하여 (③) 하라. (벧전 4:7)

① **정신** ② **근신** ③ **기도**

5. 근신하라 (①) 너희 대적(②)가 우는 (③) 같이 두루다니며 삼킬 자를 찾나니 (벧전 5:8)

① **깨어라** ② **마귀** ③ **사자**

6. 형제들아 더욱 (①) 너희 부르심과 택하심을 (②) 하라 너희가 이것을 행한즉 언제든지 (③) 아니하리라. (벧후 1:10)

① **힘써** ② **굳게** ③ **실족하지**

7. 그들에게 자유를 준다 하여도 자신들은 멸망의 종들이니 누구든지 (①) 는 (②) 의 종이 됨이라. (벧후 2:19)

① **진 자** ② **이긴 자**

8. 너희가 어떠한 사람이 되어야 마땅하냐 거룩한 (①) 과 (②) 함으로 하나님의 날이 임하기를 바라보고 간절히 사모하라 . (벧후 3:11~12)

① **행실** ② **경건**

문 제 □ 안에 틀린것을 고치세요

1. 너희 믿음의 확실함은 불로 [시련]하여도 없어질 [동]보다 더 귀하여 예수 그리스도께서 나타나실 때에 칭찬과 영광과 [인내]를 얻게 할 것이니라 (벧전 1:7)

· 시련 = **연단**　　동 = **금**　　인내 = **존귀**

2. 친히 [골고다]에 달려 그 몸으로 우리 죄를 [회피]하셨으니 이는 우리로 죄에 대하여 [이기고] 의에 대하여 살게 하려 하심이라 (2:24)

· 골고다 = **나무**　　회피 = **담당**　　이기고 = **죽고**

3. [의]에서 떠나 선을 행하고 [자유]을 구하며 그것을 따르라 (3:11)

· 의 = **악**　　자유 = **화평**

4. 만일 그리스도인으로 [사랑]을 받으면 [좋아하지] 말고 도리어 그 이름으로 하나님께 [기쁨]을 돌리라 (4:16)

· 사랑 = **고난**　　좋아하지 = **부끄러워하지**　　기쁨 = **영광**

5. 너희는 [믿음]의 입맞춤으로 서로 [심방]하라 (5:14)

· 믿음 = **사랑**　　심방 = **문안**

6. 지극히 큰 영광중에서 어떠한 소리가 들려 왔습니까? (벧후 1:17)
(　　　　　　　　　　　　　　　　　　　　　　　　　　　　　　)

7. 주의 날이 도둑 같이 오리니 그 날에는 하늘이 [우래]로 떠나가고 물질이 뜨거운 불에 [녹아] 지고 (3:10)

· 우래 = **큰 소리**　　녹아 = **풀어**

문 제 　관계성이 있는 말에 줄로 연결하세요

1. ① 부활하사 승천하신 날까지 · 　ㄱ 앉은뱅이
② 말씀이 점점 왕성 · 　ㄴ 삽비라
③ 예수의 이름으로 걸어라 · 　ㄷ 스데반
④ 아나니아 · 　ㄹ 사울
⑤ 일곱집사 · 　ㅁ 40일
⑥ 목이 곧고 할례받지 못한 사람 · 　ㅂ 수가 심히 많음

답 ① - ㅁ, ② - ㅂ, ③ - ㄱ, ④ - ㄴ, ⑤ - ㄷ, ⑥ - ㄹ

2.

① 오순절교회 ·	ㄱ 백성을 많이구제 ·	가 스데반
② 사울 ·	ㄴ 루디아 ·	나 우리의 수는 276인 이러라
③ 고넬료 ·	ㄷ 성령을 받았느냐 ·	다 어찌하여 나를 핍박하느냐
④ 자주장사 ·	ㄹ 이제는 안심하라 ·	라 하나님 앞에 상달
⑤ 아볼로 ·	ㅁ 다메섹 ·	마 성령 듣지도 못함
⑥ 유라굴로라 하는 광풍 ·	ㅂ 칭찬받은 일곱 집사 ·	바 바울을 강권하여 있게 함

답 ① - ㅂ - 가, ② - ㅁ - 다, ③ - ㄱ - 라,
④ - ㄴ - 바, ⑤ - ㄷ - 마, ⑥ - ㄹ - 나

★ 남· 여 그룹 대항전 ★

남·여 각 2 사람이 한 팀이 된다.

1. 남·여 4 사람이 신·구약에 나오는 사람 이름을 주고 받으면 암송한다.

남 자		여 자		남 자		여 자
사 라	··▶	리브가	··▶	라 합	··▶	레 아
요게벧	··▶	룻의아내	··▶	룻	··▶	나오미
한 나	··▶	아비가일	··▶	에스더	··▶	마리아

계속.....

2. 예수님의 12사도 이름을 암송한다.

베드로	··▶	안드레	··▶	야고보	··▶	요 한
빌 립	··▶	바돌로매	··▶	도 마	··▶	마 태
야고보	··▶	다대오	··▶	시 몬	··▶	가룟유다

3. 선지자의 이름을 암송한다.

이사야	··▶	예레미야	··▶	에스겔	··▶	다니엘
호세아	··▶	요 엘	··▶	아모스	··▶	오바댜
요 나	··▶	미 가	··▶	나 훔	··▶	하바국

계속.....

막히는 팀이 패한다.

문 제　성경에 나오는 숫자 맞추기 퀴즈

성경에 나오는 선지자의 나이, 연대, 역사적인 기록을 맞추어 보자.

1. 신·구약은 몇 권입니까?

신 약 = 25, 27, 30, 35　답 27 권

구 약 = 30, 35, 39, 40　답 39 권

합 권 = 50, 55, 60, 66　답 66 권

2. 예수님은 이 땅에 몇 년 있었습니까?

30, 31, 33, 37, 70　답 33 세

3. 성경에서 제일 오래 장수한 사람의 나이는 몇 살입니까?

900, 950, 969, 1000, 1500　답 969 세

4. 예수님의 제자는 몇 명입니까?

11, 12, 21, 70　답 12 명

5. 야곱은 외삼촌 집에 몇 년 살았습니까?

12, 15, 20, 22　답 20 년

6. 솔로몬이 성전 건축을 몇 년 하였습니까?

7, 14, 20, 22 | 답 | 7년

7. 나아만이 요단강에서 목욕을 몇 번 하였습니까?

3, 6, 7, 12 | 답 | 7번

8. 가룟유다가 예수님을 얼마 받고 넘겼습니까?

20, 30, 40, 70 | 답 | 은30

9. 아브라함의 중요한 시기와 나이는 언제인가요?

하란을 떠날 때(창 12:4) | 답 | 75세

이스마엘 출생(창 16:16) | 답 | 80세

할례하던 나이(창 17:24) | 답 | 90세

이삭의출생(창 21:5) | 답 | 100세

사라의 임종시 나이는 (창 23:1) | 답 | 138세

아브라함의 임종(창 25:7~8) | 답 | 175세

10. 솔로몬이 말한 잠언은 몇 가지 인가요?

2000, 3000, 4000, 5000 | 답 | 3000권

요한 1, 2, 3서 유다서

문 제	성경 문제를 듣고 답을 선택하세요

[요한일서]

1. 너희에게 전하는 소식이 이것이니 곧 하나님은 무엇이라고 말하고 있습니까? (1:5)
   ① **빛** ② 그늘 ③ 어둠

2. 우리도 빛 가운데 행하면 우리가 서로 사귐이 있고 그 아들 예수의 피가 우리를 어떻게 합니까? (1:7)
   ① **죄에서 깨끗하게** ② 구원 한다 ③ 용서하신다 ④ 천국으로 인도

3. 만일 누가 죄를 범하면 아버지 앞에서 우리에게 누가 있습니까? (2:1)
   ① 변호사 ② 판사 ③ **대언자**
   그 사람은 누구입니까?
   ① 선지자 ② **예수 그리스도** ③ 모세

4. 예수님은 우리 죄를 위한 □ □ 제물이니 (2:2)
   ① 속죄 ② 사랑 ③ **화목** ④ 희생

5. 아버지께서 어떠한 사랑을 우리에게 베푸사 하나님의 (   )라 일컬음을 얻게 하였나? (3:1)

① 후사 ② **자녀** ③ 아들 ④ 종

6. 죄를 짓는 자는 누구에게 속해 죄를 짓습니까? (3:8)

① 욕심 ② 교만 ③ **마귀에 속해** ④ 사람

7. 예수를 시인하지 아니하는 영은 어디에 속한 것입니까? (4:3)

① 마귀 ② 이방인 ③ 불신자 ④ **적 그리스도**

8. 누구든지 하나님을 사랑하노라 하고 그 형제를 미워하면 이는 어떠한 사람 입니까? (4:20)

① 외식자 ② **거짓말 하는 사람**
③ 형식자 ④ 눈가림하는 사람

9. 하나님께로서 난 자마다 세상을 이기는데 무엇으로 세상을 이깁니까? (5:4)

① 능력 ② 진리 ③ **믿음** ④ 사랑

10. 예수 그리스도를 증언하는 이가 셋이며 이 셋은 합하여 하나인데 해당되지 않는 것은? (5:8)

① 성령 ② 물 ③ **기름** ④ 피

11. 하나님의 아들이 없는 자에게는 무엇이 없습니까? (5:12)

① 축복이 없다 ② 구원이 없다
③ **생명이 없다** ④ 소망이 없다

[요한이서]

12. 미혹하는 자가 많이 세상에 나왔는데 이것은 누구입니까? (7)
① 이단자 ② **그리스도께서 육체로 오심을 부인하는 자**

13. 누구든지 이 교훈을 가지지 않고 너희에게 나아가는자를 어떻게 하라고 하였습니까? (10)
① **집에 들이지도 말라** ② 보지도 말라 ③ 사랑으로 감싸준다

[요한삼서]

14. 사랑하는 자여 네 영혼이 잘 될 때 무엇이 잘 될까요? (2)
① 사업이 잘된다 ② **범사가 잘 됨** ③ 자녀가 잘됨

15. 사랑하는 자여 악한 것을 본 받지 말고 무엇을 본 받아야 합니까? (11)
① 의로운 행실 ② **선한 것** ③ 사랑하는 것 ④ 봉사하는일

[유다서]

16. 천사장 미가엘이 모세의 시체에 대하여 누구와 다투었습니까? (9)
① 제사장 ② 선지자 ③ **마귀** ④ 천사

17. 에녹은 아담의 몇대 손 입니까? (14)
① 10대 손 ② **7대 손** ③ 5대 손 ④ 20대 손

문 제 (　　　) 안에 있어야 할 말을 써넣으세요

1. 우리가 그에게서 듣고 너희에게 전하는 (①)은 이것이니 곧 하나님은 (②) 이시라 그에게는 어둠이 조금도 없으시다는 것이니라 (요일 1:5)

① **소식** ② **빛**

2. 그 형제를 (①) 하는 자는 지금까지 (②)에 있는 자요 (2:9)

① **미워** ② **어둠**

3. 사랑 안에 (①) 이 없고 (②) 이 두려움을 내쫓나니 (4:18)

① **두려움** ② **온전한 사랑**

4. 아들이 있는 자에게는 (①) 이 있고 하나님의 (②)이 없는 자에게는 생명이 없느니라 (5:12)

① **생명** ② **아들**

5. 하나님께로부터 (①) 는 다 (②) 하지 아니하는 줄을 우리가 아노라 (5:18)

① **난 자** ② **범죄**

6. 내 자녀들이 (①) 안에서 행한다 함을 듣는 것보다 더 (②) 일이 없도다 (요 3서 :4)

① **진리** ② **기쁨**

7. 사랑하는 자들아 너희는 너희의 지극히 (①) 한 믿음 위에 자신을 세우며 (②)으로 기도하며 (유 1:20)

① **진리** ② **성령**

문 제 □ 안에 틀린것을 고치세요

1. 우리가 하나님과 영통이 있다 하고 진리에 행하면 참말을 하고 (요일 1:6)

· 영통 = **사귐** 빛 = **어둠** 참말 = **거짓말**

2. 이는 세상에 있는 모든 것이 정신의 정욕과 사랑의 정욕과 내세의 자랑이니 다 아버지께로부터 온 것이 아니요 (요일 2:16)

· 정신 = **육신** 사랑 = **안목** 내세 = **이생**

3. 우리는 형제를 증오함으로 지옥에서 옮겨 생명으로 들어간 줄을 알거니와 (요일 3:14)

· 증오 = **사랑** 지옥 = **사망**

4. 하나님이 이같이 우리를 좋아하셨은즉 우리도 서로 사랑하는 것이 당연하도다 (요일 4 :11)

· 좋아 = **사랑** 당연 = **마땅**

5. 하나님의 자식을 믿는 자는 자기 안에 증인가 있고 하나님을 믿지 아니하는 자는 하나님을 거짓말하는 자로 만드나니 (요일 5:10)

· 자식 = **아들** 증인 = **증거**

6. 사랑하는 자여 네 생명이 잘됨 같이 네가 평소에 잘되고 강건하기를 내가 기도하노라 (요삼 1:2)

· 생명 = **영혼** 평소 = **범사** 기도 = **간구**

7. 주께서 백성을 죄악에서 구원하여 내시고 후에 불신 아니하는 자들을 구하셨으며 (유 1:5)

· 죄악 = **애굽** 불신 = **믿지** 구원 = **용서**

문 제　말씀의 뜻이 무엇인지 말해 보세요

1. 예 수	자기백성을 죄에서 구원(마 1:21)
2. 임마누엘	하나님이 우리와 함께 계시다(마 1:23)
3. 베드로	반석(마 16:18)
4. 바 울	작은자
5. 빌레몬	애정이 깊다
6. 바나바	권위자
7. 시므온	들으심(창 29:33)
8. 하 와	산자의 어미(창 3:20)
9. 사무엘	여호와께 그를 구하였다(삼상 1:20)
10. 랍 비	선생(요 1:38)
11. 에벤에셀	여호와께서 여기까지 우리를 도우셨다(삼상 7:12)
12. 달리다굼	소녀야 일어나라(마 6:41)
13. 에바다	열리라(막 3:34)
14. 사 라	열국의 어미(창 17:16)
15. 이 삭	웃음(창 21:5~6)
16. 모 세	물에서 건져내다(출 2:10)
17. 가 인	여호와로 인하여 득남하였다.(창 4:1)
18. 아브라함	내가 열국의 아비(창 17:5)
19. 에 서	전신이 붉다(창 25:25)
20. 야 곱	에서의 발꿈치를 잡다(창 25:26)
21. 메시야	그리스도
22. 노 아	안식
23. 레 위	연합함(창 29:34)
24. 유 다	찬송함(창 29:35)

문 제 관계성이 있는 말에 줄로 연결하세요

1. ① 생명의 떡(요 6:35) · ㄱ 생수의 강
   ② 목마르거든(요 7:37~38) · ㄴ 양을 위해 목숨을 버림
   ③ 스스로 온 것 아니요(8:42) · ㄷ 나사로
   ④ 선한목자(요 10:11) · ㄹ 너희도 서로 씻기라
   ⑤ 베다니 촌(요 11:1) · ㅁ 아버지께서 보냄
   ⑥ 너희 발을 씻겼으니(요 13:14) · ㅂ 주리지 아니함

답 ① - ㅂ, ② - ㄱ, ③ - ㅁ, ④ - ㄴ, ⑤ - ㄷ, ⑥ - ㄹ

2. ① 나사렛 예수 · ㄱ 유대인의 왕
   ② 여자여 보소서 · ㄴ 의심많은 도마
   ③ 막달라 마리아 · ㄷ 돌문이 열리다
   ④ 믿지 아니하겠노라 · ㄹ 시몬 베드로
   ⑤ 물고기 잡으러 가노라 · ㅁ 어린 양을 먹여라
   ⑥ 나를 사랑하느냐 · ㅂ 아들이니이다

답 ① - ㄱ, ② - ㅂ, ③ - ㄷ, ④ - ㄴ, ⑤ - ㄹ, ⑥ - ㅁ

문 제 스피드 퀴즈 게임

★ 남· 여 그룹 대항전 ★

남·여 대표 각 2명 출전

※ 사회자가 카드를 보여주면 말과 행동으로 설명하면 대답한다.

	남자 A (카드)	카드를 보고 설명		남자 B 설명을 듣고 대답	
1	심 판	죽은 후 예수님 앞에서 받는 것	··▶	심 판	모르면 통과
2	아 멘	기도 끝날때 마지막으로 하는 말	··▶	아 멘	〃
3	아 벨	아담의 둘째아들, 형이 돌로 쳐서 죽임	··▶	아 벨	〃
4	야 곱	강에서 천사와 씨름한 사람	··▶	야 곱	〃

카드를 만들어 계속 ... 시간을 정해 놓고 많이 맞추는 팀이 승리.

	여자 A (카드)			여자 B	
1	처 녀	결혼하지 않은 미혼녀	··▶	처 녀	모르면 통과
2	창 조	천지를 만드신 것을 무엇이라고 하나	··▶	창 조	〃
3	토 끼	깡총깡총 뛰는 귀가 긴 동물	··▶	토 끼	〃
4	하 마	입이 제일 큰 동물로 물에서 사는 것	··▶	하 마	〃

카드를 만들어 계속 ... 시간을 정해 놓고 많이 맞추는 팀이 승리.

요한계시록

문 제 　 성경 문제를 듣고 답을 선택하세요

1. 계시록은 예수 그리스도의 계시를 누구에게 주신 것 입니까? (1:1)
   ① 마태 ② 바울 ③ **요한** ④ 베드로

2. 다시 오시는 예수님은 무엇을 타고 오실까요? (1:7)
   ① 나귀 ② **구름** ③ 천마 ④ 병거

3. 에베소 교회가 왜 책망을 받았습니까? (2:4)
   ① 기도가 없다 ② 게을러서 ③ **처음 사랑을 버림**

4. 사데 교회는 왜 책망을 받았습니까? (3:1)
   ① 이단을 믿음 ② 은혜가 없음 ③ **행위가 죽음** ④ 믿음이 없음

5. 빌라델비아 교회는 칭찬을 받았습니다. 그 이유는 무엇일까요? (3:8)
   ① 사랑이 많음 ② 은사가 많은 ③ **배반치 않음** ④ 성령 충만함

6. 라오디게아 교회는 책망을 받았는데 왜 책망을 받았습니까? (3:16)
   ① 열심히 없음 ② 기도가 없음 ③ 불이 없음 ④ **믿음이 미지근하다**

7. 하나님께서는 무엇을 받으시기에 합당하십니까? (4:11)
① 사랑을 ② 축복을 ③ **영광과 존귀와 능력** ④ 권세를

8. 이스라엘 자손의 각 지파 중에서 인침을 받은 자의 수는 몇 명입니까? (7:4)
① 십만명 ② 삼만명 ③ 칠만명 ④ **십사만 사천명**

9. 천사들이 금향로에 받은 향은 무엇을 말합니까? (8:3)
① 제사향 ② 응답 받음 ③ **성도의 기도** ④ 하나님의 향기

10. 지금은 죽음이 존재하지만 심판날에는 죽음이 있을까요 없을까요? (9:6)
① 죽음이 있다 ② 죽음이 없다 ③ **죽음이 피한다**

11. 요한 계시록에 마귀의 칭호가 나오는데 무엇 무엇일까요? (12:9)
① **용** ② **뱀** ③ **마귀** ④ **사탄** ⑤ 짐승

12. 표를 가진자 외에는 매매를 못하는데 이 표는 무엇을 말합니까? (13:17~18)
① 바코드 ② 333 ③ **666** ④ 144,000

13. 지금 이후로 어떻게 죽는자가 복이 있습니까? (14:13)
① 순교 ② 전사 ③ **주 안에서 죽는 자** ④ 희생

14. 부끄러움을 보이지 아니하는 자가 복이 있다고 하셨는데 어떻게 해야 합니까? (16:15)
① **깨어 자기 옷을 지켜 입는 자** ② 사치한 자 ③ 깨끗해야

15. 어린 양의 혼인에 아내가 입는 옷은 세마포입니다. 이것은 무엇을 의미합니까? (19:8)
① 드레스 ② 까운 ③ **성도의 옳은 행실** ④ 한복

16. 천사가 하늘로서 내려와 용을 잡아 무저갱에 몇 년을 결박 합니까? (20:1~2)
① 100년 ② 500년 ③ 700년 ④ **일천 년**

17. 하나님의 말씀으로 인하여 목배임을 받은자들이 살아서 그리스도로 더불어 몇 년을 왕 노릇 합니까? (20:4)
① 200 년 ② 500 년 ③ **1,000 년** ④ 영원히

18. 죽은자들이 주님의 보좌 앞에서 무엇을 보고 심판할까요? (20:12)
① 믿음을 보고 ② 충성과 봉사 ③ **생명책**

19. 새 하늘과 새 땅이 이 땅과 다른 점이 아닌것은 무엇일까요? (21:4)
① 사망이 없음 ② 애통이 없음 ③ 곡하는 것 없음 ④ **노래가 없음**

20. 심판날에 유황으로 타는 못에 들어갈 자는 어떤 사람들일까요? (21:8)
① **믿지 아니한 자** ② **흉악한 자** ③ **살인자** ④ **음행하는 자**
⑤ **술객** ⑥ **우상 숭배자** ⑦ **거짓말 하는 자**

21. 하나님의 나라는 낮과 밤이 없습니다 그러면 무슨 빛이 있을까요? (21:23)
① 해도 없음 ② 달도 없음 ③ **하나님의 영광이 비취고**

22. 이 땅의 과실나무는 1년에 한번 열매를 맺는데 하늘나라는 어떻게 열매를 맺습니까? (22:2)
① 1 년에 3번 ② 1 년에 2번 ③ **매달 열매 맺음**

23. 나는 알파와 오메가라고 하는데 무슨 뜻입니까? (22:13)
① 태초와 종말 ② 처음과 중간 ③ **처음과 마지막**

문 제	□ 안에 틀린것을 고치세요

1. 이 예언의 말씀을 보는자 와 듣는 자와 그 가운데에 기록한 것을 찾는 자는 상 이 있나니 때가 가까움이라 (1:3)

   · 보는자 = **읽는 자**　　찾는 = **지키는**　　상 = **복**

2. 이기는 자는 내 하나님 성전에 반석 이 되게 하리니 (3:12)

   · 반석 = **기둥**

3. 거룩하다 주 하나님 곧 불능하신 이여 전에도 계셨고 지금 도 계시고 지금 오실 이시라 하고 (4:8)

   · 불능 = **전능**　　지금 = **이제**　　지금 = **장차**

4. 어린 양의 제사 잔치에 부탁 을 받은 자들은 행복 이 있도다 (19:9)

   · 제사 = **혼인**　　부탁 = **청함**　　행복 = **복**

5. 용을 잡으니 곧 옛 곰이요 귀신 요 독사 이라 (20:2)

   · 곰 = **뱀**　　귀신 = **마귀**　　독사 = **사탄**

6. 그들을 미혹하는 천사 가 불과 유황 못에 던져지니 거기는 그 괴물과 거짓 선지자도 있어 세세토록 한동안 괴로움을 받으리라. (20:10)

   · 천사 = **마귀**　　괴물 = **짐승**　　한동안 = **밤 낮**

7. 강 좌우에 사과나무가 있어 두 가지 열매를 맺되 (22:2)

   · 사과 = **생명**　　두 = **열 두**

8. 그 짐승 의 보좌가 그 가운데에 있으리니 그의 종들이 그를 섬기며 그의 몸체 을 볼 터이요 그의 이름도 그들의 손 에 있으리라 (22:3~4)

   · 짐승 = **어린양**　　몸체 = **얼굴**　　손 = **이마**

문 제 관계성이 있는 말에 줄로 연결하세요

1\. ① 죽도록 충성하라(2:10) • ㄱ 차지도 않고 덥지도 않고
② 라오디게아 교회(2:14~15) • ㄴ 복이 있고 거룩하도다
③ 이 땅에 사는자들(13:8) • ㄷ 생명의 면류관
④ 첫째 부활에 참여하는 자(20:6) • ㄹ 불못에 던지우리라
⑤ 생명책에 기록되지 못한 자(20:15) • ㅁ 짐승에게 경배하더라

답 ① - ㄷ, ② - ㄱ, ③ - ㅁ, ④ - ㄴ, ⑤ - ㄹ

2\. ① 이 예언의 말씀을 읽는자(1:3) •	ㄱ 일곱재앙 •	가 지키는자가 복이 있다
② 일곱천사(15:1) •	ㄴ 제사장이 되어 •	나 하나님이 비취심이라
③ 첫째 부활에 참여하는 자(20:6) •	ㄷ 등불과 햇빛이 없고 •	다 지키는자가 복이 있다
④ 다시 밤이 없겠고(22:5) •	ㄹ 이 책의 예언의말씀 •	라 천년동안 왕노릇
⑤ 보라 내가 속히 오리니(22:7) •	ㅁ 듣는자들과 •	마 마지막 재앙

답 ① - ㅁ - 가, ② - ㄱ - 마, ③ - ㄴ - 라,
④ - ㄷ - 나, ⑤ - ㄹ - 다

★ 남 · 여 그룹 대항전 ★

문제를 듣고 맞다, 아니다로 퀴즈게임을 한다.

■ 남자 질문 2명 / □ 여자 대답 2명 (모르면 통과)

1	예수님은 베데스다 연못에서 38년 된 병자를 고쳐주셨다.	맞다
2	예수님은 나인성 과부의 아들을 살리셨다.	맞다
3	베드로는 주는 그리스도요 살아계신 하나님이라고 하셨다.	아니다
4	예수님은 안식일에는 병을 고치지 아니하셨다.	아니다
5	예수님은 변화산에 제자들을 다 데리고 가셨다.	아니다
6	니고데모는 밤중에 예수님을 찾아갔다.	맞다
7	예수님은 나귀 어미를 타고 입성하셨다.	아니다

▶ 문제를 만들어서 계속...

□ 여자 질문 2명 / ■ 남자 대답 2명 (모르면 통과)

1	예수님은 6일만에 부활하셨다.	아니다
2	예수님은 부활하여 그 즉시 승천하셨다.	아니다
3	삭개오는 예수님을 자기집으로 영접하였다.	맞다
4	예수님은 삭개오의 집에 가시지 아니하였다.	아니다
5	오순절 성령이 강림하셨다.	맞다
6	120 문도는 오순절날 성령을 충만히 받았다.	맞다
7	가룟유다는 예수님을 팔지 아니하였다.	아니다

▶ 문제를 만들어서 계속...

* 시간을 정해 놓고 정확하게 많이 맞춘 팀이 승리한다.

문 제　　한글 자음을 보고 단어를 알아 맞춘다

예 : ㄱ　ㅎ　　답 : 교　회

① ㄱ ㅅ ㄹ　　답 계시록

② ㅇ　ㅇ　　답 에 언

③ ㅊ　ㄷ　　답 촛 대

④ ㅅ ㅁ ㄴ　　답 서머나

⑤ ㅇ ㅂ ㅅ　　답 에베소

⑥ ㅇ ㄱ ㅂ　　답 일곱별

⑦ ㅅ　ㄷ　　답 사 데

⑧ ㅂ ㄹ ㄷ ㅂ ㅇ　　답 빌라델비아

⑨ ㄹ ㅇ ㄷ ㄱ ㅇ　　답 라오디게아

⑩ ㅊ　ㅈ　　답 창 조

⑪ ㅈ　ㄹ　　답 장 로

⑫ ㅂ　ㄹ　　답 바 람

⑬ ㅇ ㄹ ㅇ　　답 어린양

⑭ ㅎ　ㅊ　　답 황 충

⑮ ㅇ ㅇ ㅇ　　답 육육육(666)

문 제　　퍼즐 채우기 게임

※ 가로의 힌트와 세로의 힌트를 참고하여 빈칸을 채워 넣으세요.

①			■	■	⑥
	■	■	②		
③		■	■	■	■
■	■	④		⑦	
⑧	■		■		■
⑤			■		■

가로 열쇠

1. 이달리야 군대의 백부장(행 10:1)
2. 자주 장사(행 16:14)
3. 당을 지어 대적함(대하 24:26)
4. 미스바와 센 사이에 세운 비석 (삼상 7:12)
5. 지성소 안에 죄를 속하는 곳 (출 30:6)

세로 열쇠

1. 하나님께 드림이 되었다 라는 뜻의 말(막 7:11)
4. 사랑이 식어진 교회(계 2:4)
6. 야곱의 아내(창 29:32)
7. 부시의 아들 제사장(겔 1:3)
8. 대신 죄를 짊어짐 (출 34:20)

정답

① 고넬료, 고르반 ② 루디아 ③ 반역 ④ 에벤에셀, 에베소
⑤ 속죄소 ⑥ 레아 ⑦ 에스겔 ⑧ 대속

"오직 이것을 기록함은 너희로 예수께서 하나님의 아들 그리스도이심을 믿게 하려 함이요 또 너희로 믿고 그 이름을 힘입어 생명을 얻게 하려 함이니라"

(요 20:31)

신·구약
성경퀴즈 골든벨 개정증보판(개역개정)

증보판 5쇄 인쇄 2025년 10월 13일
증보판 5쇄 발행 2025년 10월 17일

발행인 : 황경자
펴낸곳 : 도서출판 일오삼
주 소 : 서울시 중랑구 동일로 107길 12
전 화 : 02-964-6993 / FAX 02-2208-0153
등 록 : 제 5-485호

E-mail : books153@hanmail.net

ISBN 978-89-89236-89-4